百部红色经典

说少年

赵世炎 著

北京联合出版公司
Beijing United Publishing Co.,Ltd.

图书在版编目（CIP）数据

说少年 / 赵世炎著. -- 北京：北京联合出版公司，2021.7（2024.2重印）

（百部红色经典）

ISBN 978-7-5596-5072-6

Ⅰ. ①说… Ⅱ. ①赵… Ⅲ. ①赵世炎（1901-1927）—文集 Ⅳ. ①D2-0

中国版本图书馆CIP数据核字(2021)第030789号

说少年

作　　者：赵世炎
出 品 人：赵红仕
责任编辑：管　文
封面设计：赵银翠

北京联合出版公司出版
（北京市西城区德外大街83号楼9层 100088）
北京新华先锋出版科技有限公司发行
北京雁林吉兆印刷有限公司印刷　新华书店经销
字数140千字　787毫米×1092毫米　1/16　13印张
2021年7月第1版　2024年2月第3次印刷
ISBN 978-7-5596-5072-6
定价：49.00元

出版前言

为庆祝中国共产党成立100周年，全面展现中国共产党成立以来中华民族辉煌的发展历程、取得的伟大成就和宝贵经验，集中体现中华民族的文化创造力和生命力，北京联合出版公司策划了“百部红色经典”系列丛书，希望以文学的形式唱响礼赞新中国、奋斗新时代的昂扬旋律。

本套丛书收录了近一百年来，描绘我国人民在中国共产党的领导下艰苦奋斗、开拓创新、改革开放的壮美画卷，充分展现我国社会全方位变革、反映社会现实和人民主体地位、弘扬社会主义核心价值观、讴歌中华民族伟大复兴中国梦的100部文学经典力作。

本套丛书汇集了知侠、梁晓声、老舍、李心田、李广田、王愿坚、马烽、赵树理、孙犁、冯志、杨朔、刘白羽、浩然、李劼人、高云览、邱勋、靳以、韩少功、周梅森、石钟山等近百位具有代表性的中国现当代著名作家。入选作品中，有国民革命时期探索革命道路的《革命的信仰》《中国向何处去》，有描写抗日战争的《铁道游击队》《敌后武工队》《风云初记》《苦菜花》，有描绘解放战争历史画卷的《红嫂》《走向胜利》《新儿女英雄续传》，有展现新中国建设历程的《三里湾》《沸腾的群山》《激情燃烧的岁月》，有寻找和重建民族文化自信的《四面八方》，也有改革开放后反映中国社会现状、探索中国道路的《中国制造》，同时还收录了展现革命英雄人物光辉事迹的《刘胡兰传》《焦裕禄》《雷锋日记》等。

本套丛书讲述了丰富多样的中国故事，塑造了一大批深入人心的中国形象，奏响了昂扬奋进的中国旋律。这些经历了时间检验的文学作品，在艺术表现形式、文学叙述方式和创作技巧等方面都具有开拓性和创造性，作品的质量、品位、风格、内涵等方面都具有很高的水准，都是有筋骨、有道德、有温度的优秀作品，很多作家的作品都曾荣获“五个一工程奖”“茅盾文学奖”“鲁迅文学奖”“国家图书奖”等奖项。

为将该套丛书打造成为集思想性、艺术性、时代性为一体，展现新时代文学艺术发展新风貌的精品图书，北京联合出版公司成立了由出版界、文学艺术界的资深专家和学者组成的编辑委员会。他们从文学作品的历史价值、文学价值、学术价值、现实意义等维度对作品进行了深入细致的研读和筛选，吸收并借鉴了广大读者的意见与建议，对入选作品进行深入细致的分析与综合评定，努力将“百部红色经典”系列丛书打造成为政治性、思想性和艺术性和谐统一的优秀读物，向伟大的中国共产党成立100周年这一光荣的日子献礼！

书生意气

挥斥方遒

附录：书信

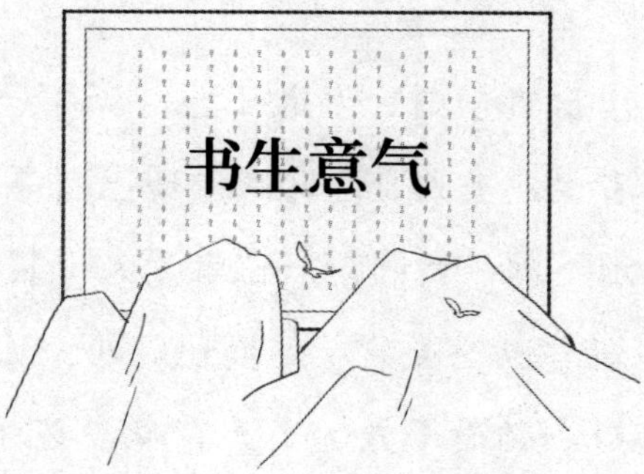
书生意气

读刘向说苑晏子对[1]

尊者尸位。富者尸财。专欲于己，泽不己人。固以为权所有而所应享者也，圣人耻之，故宁薄己而厚人。儒者曰仁，墨者曰兼爱，道不同，旨固一。仁者爱人，兼爱者其归也普，教也养也，举斯心以充类，至尽而已。小之则姻任恤，以救以补。君子有身，必役于人。小人有身，必尊于人。役者人尊，尊者自尊。人尊者仁，自尊者不仁，不仁而有身，悖乎儒而又远于墨矣。原思辞粟，孔子曰：与尔邻里乡党。晏子曰：通君赐。呜乎！其此旨乎。且夫俭固美德也。然贤者用以律己，不以对人。盖律己曰俭，对人曰吝。吝斯褊，褊斯构怨，怨构而事废，事废而伤德，贤者恒引为诫。何也？人恒利己，欲求为众谋而终其身不倦者，则千百年而一圣，数百年而一贤耳。悲夫！岂造物有所吝，抑教化之难移欤？吾

[1] 本书收录的作品均为赵世炎的代表作。其作品在字词使用和语言表达等方面均具有鲜明的时代特色。此次出版，根据作者早期版本进行编校，文字尽量保留原貌，编者基本不做更动。

愿尊者不尸其位，而富者不尸其财，则儒墨皆不颓而晏子固亦不朽也矣。

（赵世炎中学时代作文）

说图书馆答友人问

承市都市教育，至再深谈，足下关心时局之诚，大堪佩仰。窃观社会事业，力薄者易毁，力厚者易成，力何以厚厚于集而已。社会集众人而成，则所以保持之者，亦秉于众，然或谋焉而私，则社会之力又散矣，是以公益尚焉。来示论京门公益，深中肯要。某对于图书一节，似与执事所见微有别焉。自嬴炬起而策籍亡，胡马入而略疏乱，中原文献，迭遭兵燹摧残，旧时太史之藏，飘荡四方，已散而不复集矣。嗣延阁广内，四部三品，虽稍稍搜而集之，然集公力以秘而私焉，是私益非公益。至若邺侯插架之轴，侔于麟阁，曹氏积石之仓，富于虎观，私集而私益之，又焉得公于人？寒素之家，力薄难举，或求诸朋从，辄叹甲乙不全，甚或许胡相距，于是学者乃大苦也。寡问鲜见，益智扼虚，咸有面墙之感。我国二千年来社教沦丧，大都无图书集合之机。夫集之为国家则国家强，倡之教育，以进其智，兴之法变，以进其德，皆集之之法，要不外乎谋公益也。八者、别也，别于厶谓公，公之能聚，益即生焉，是益聚于公，而散于私，亦社会必然之势也。仆尝怪今之藏书者，不以公诸人，乃悖于社教之旨欤。闲曹冗职，几如篇简有充栋之忧，拾玉检金，反似寒士无立锥之地，此又国政与社教歧为两事，不能集而合之也。弟索居已久，雅集未期，日对图书念吾故友，知足下亦有聚散之感也。

（赵世炎中学时代作文）

三代非专制辩

尔雅释诂：林、蒸，君也。“谓如丛木众向也”。白虎通义：“君、群也。”群天下万物而公之也。大禹谟：“稽于众，舍己从人。”盘庚：“民不适有居，率籲众戚。”秦誓：“天视自我民视，天听自我民听。”是三代之君皆立于人群之推载，非有所私诸己也。帅天下以暴之谓私，帅天下以仁之谓公；仁者发于良知，良知者群众之心，心乎群众而群众亦心之。天下本公也，沿革相袭而良知蔽焉，则君之名遂更而为利、为尊、为荣、为乐：势达于极则偏，偏则不均，不均则倾；又变为田猎之鹿，匹夫匹妇得而逐之；则至公之君成为私器，几非其名义之可相符矣。士君子旷观历史，横览百家，安得以秦皇、汉武、隋炀以来之苛法，而不深维夫三代立君之本义哉？夫三皇五帝以降，其君贤，其民归，民归而君贤，君民之义即不相悖，又安有更立异说以为之倡者？夫名之所以能系人心者，以有此实也。三代贤圣之君为政既不私于一人，是以天下为公，践其实亦副其名矣。公者实也，君者名也；不公而曰君，始皇万世之念已如死灰；况民主之名，不公安足以主民耶？故对名号之称已不容辞费，假使名美而不能符于实，亦非民所能归也；徒以名而轩轾其间又奚为哉？且夏若禹谟、商若盘庚、周若泰誓，其语盖亦甚明。周礼：太宰九职任民，八统驭民，九两系民，余六官皆民政；事事为民立官，故在在以民立言，周官者行民意者也。公天下之义，六艺九流俱已发明，春秋尤重大同之世；是今日五洲之治法皆中国之良规，即三权之说古代尤周密，其实行无偏或且胜于今。古代上下一体，今则偏上偏下；古代民意机关公于众，今日民意机关萃于一，公于众者名实相称，萃于一者有名无实；是三代君其名而民意其实也。专制云乎哉？

（赵世炎中学时代作文）

论行青苗法之利病

孔子曰："为政在人"。夫治国之道，操之有术，行之有方，审情势，度轻重，未有不注意于民生之利病者也。苟利于民，则虽障碍坎坷，事多掣肘，人言啧啧，几无以立足，而行之既久，及其成也，必可收效于异日。特障碍愈多，成功愈不易。譬之用兵临阵，濒危处险，不幸而陷于败亡，人莫不为之痛惜，是亦必有所不得已，或其谋之有未周也。为政者岂异是哉？余尝读宋史，深叹王介甫以变法而见斥于当世。后之论者，多以成败断人，甚可惜也。夫青苗之法，岂真病民哉？特行之非其时，立法未尽周，天下骚然，反之者众耳。自古谋治之心太切而操法过急者，辄多失败，此商君变法，所以车裂于秦也。介甫之行青苗，本以利民而非病民，岂如商君之苛刻哉？易常平之制，为青苗之资，给本生息，散聚以时，苟行之得当，实泽及庶民也，何病之有？然而介甫之用心虽苦，徒以有司之顸，时势之不同，遂至身败名裂，为后世所诟病，拟之如商君变法之祸天下，不亦大可惜哉！后之论者，抑亦过矣。

（赵世炎中学时代作文）

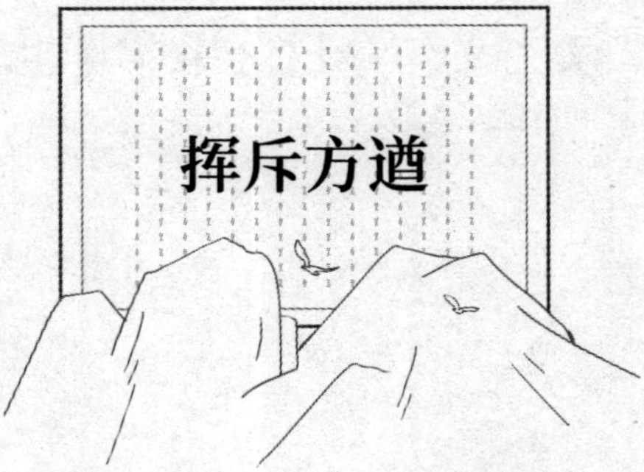
挥斥方遒

工读主义与今日之中学毕业生

（一九一九年五月五日）

工与读，两事也；欲得其兼，自不能不半工而半读。然二者一劳一逸，又实绝对相反者也。使工者而能读，人咸谓之好学；今世之工而能读者，间有之矣。古时如挂角担薪之事，史不绝书。惟读而能工，殊不多觏。以此为言，人亦不信。然工者既可读，读者亦何尝不可工；此愚所以调剂并论，而有半工半读之说也。半工半读之说，人习闻之矣；非愚之创论也。特愚为崇拜是说之一人；不自揣量，而又欲履行之，故愿一申其说。且欲以质诸人，天下事不患知之不多，惟患行之不力。愚对此虽确信其有益；而处今之世，如此境地，如此社会，对于此事之实践终不能无疑。愿为说以详究之。

半工半读，人尽能为也，又何必特以今日之中学毕业学生为揭橥。愚标此题，其意有二：其一曰欲此事之实践，当自中学毕业生始；其一曰惟中学毕业后，始有半工半读之能力。兹请逐一陈说之。前者之意，愚以为应由中学毕业生提倡之。以中学毕业生正当少壮之时，对于家庭，既可脱离若干之依赖；又无若何之担负。独立生活，是时为之枢纽。吾国家庭制度，积习相沿。青年毫无独立知识，依赖父兄资给，始可读书。其甚者未成年即已完婚，一家之中，除自身用钱吃饭外，犹以为不足，反多添一人，为家庭增一项出款。此虽由于吾国习惯，以及父母之溺爱或由抱子添孙之希望；然亦吾辈少年不能立志，且无独立能力所致。早婚之弊，至于亡国弱种；吾辈孝父母之道，固不在此。为家庭计，为自身计，都不应出此下策也。是故欲免此弊，须先有自谋生活之志。有此志，便当求所以达之。然亦不得谓因欲自食其力遂不读书，即于社会上谋一职业也。吾辈学业，仍须继续求之。此愚所以言半工半读也。具此能力，惟吾青年中学毕业生一生之枢纽，欲改革吾国家庭制度，欲奋斗于此二十世纪之竞争世界，均不可不注意于此也。

后者之意，全系能力问题。以在中学修业时，尚难有此作工能力。若勉强为之，反于学业有害，毕业后，自持力稍强，自谋亦稍富。学业既经初步，自应从此自择专门学科。于此时便半读半工，即不能完全自食其力，亦可稍借家庭之资助。总之，吾辈能入学读书，便是幸福。人有幸福，岂能泰然处之。若吾辈徒挟父兄之资以入学，实未免太逸。人生幸福不当作如此解也。愚尝持此论，人多非笑。然不以为意。总之，愚深信入学读书，是有幸福，是最快乐，最安逸，绝非苦事。愚所赞成半工半读之说，是为不宜太逸必须劳动之意。劳心劳力，应相间而行。读书是劳心。工作是劳力。至求减轻家庭资助，尚是第二层目的。吾辈每好说消遣二字。其甚者，赋博征逐，都以消遣二字了之。西哲有言曰，少年之光明字典中，无失败二字，消遣二字，固不能使字典无之，惟吾辈当切戒，不宜用以作饰词耳。

更有进者，中学毕业后，能力渐增，又每为吾辈之害。盖能力不善用，而多借以庞然自大者是也。吾辈年龄日长，勤于学者亦日增。习于恶者，其恶习又日深。尝见家庭中父兄感子弟之不肖，多慨叹而言曰：此子渐长而行渐变矣。吾辈使父兄有此感想，将何以自安。然青年对社会抵抗之能力本甚弱，环绕此身，皆是危境，欲能不染，惟能破除好逸之思想。不好逸便不思消遣。不思消遣，便能耐苦。吾辈读书，而能耐劳动之事，自可邪念屏除，远于恶俗。始有奋斗之能力。奋斗二字，愚常奉以为人生第一要义。无论何事，皆应奋斗。生今之世，处此万恶社会，不奋斗，何以为人也。

天下事托诸空言，不能见诸事实，是亦病也。愚既言，学者宜半工半读；然以吾国现时社会情状言之，何种劳工，能适于学者欤？效工人入工厂乎？金工乎？木工乎？铸铁造器，编物织布乎？抑为佣人乎？售报乎？为报馆校对员乎？簪笔佣书乎？工之事盖甚广，劳力之途亦甚多，凡此皆吾辈所不能为也。欧西各国则或有之，吾国社会情形如此，即有志为之，势亦不能。然则愚前所言皆空言也，愚亦自知之，惟甚幸其不为空言也。

十年以前，吾国留学美洲者，即有半工半读之事。或为洒扫之役，或为铺户标刷窗壁之事，或入工厂作半日工；以是而成学业归国者，盖尝多有。嗣后因美人排挤，今已不多见此事。回顾国内，数年以来，则惟有留法勤工俭学会之一事。其已举办者，言有留法勤工俭学会，有中法协进会，有华法教育会，进行亦速。天津有孔德中学，保定有育德中学，及初级工艺学校，成都有留法预备学校，都中亦有孔德学校，及高级各级之工业科。各会团体，沪上俱有分部。今岁学生工人团，发自沪上，赴法者已有两起。舆论颂扬，称为美事。（本月十八日京中英文导报载上月底第二批学生工人团自沪上起行之事，题曰——Second batch of self-supporting student-Labourer proceeding to France）创办志士，最近复买轮渡海，扩充华法事业于巴黎。有志于此者，是亦良机。似此勤工俭学，躬亲操作，得适用之艺能，为国家实业发达计，为社会工艺兴起计，为个人生活远图计，皆莫善于此。试观今日之负笈言留学者，挟资飘洋，数年归来，所学不获所用，但能求售于社会，不暇计其为何途。事务所迫，不得不令其如此；其甚者入政途，挂党籍，以蠹国殃民者，又不堪道矣。

愚言至此，意未尽而词已芜，是非得失，虽自信而不敢必人信。总之，所言半工半读，是为习劳。至云自食其力，既所难能，亦非半工半读之主旨。惟吾辈力所能至而已。且愚此题，谓今日之中学毕业生，然则将全国之中学生为之乎？是亦迂论矣。惟有志者为之耳。韶华流水，时光易逝，少壮不努力，老大徒伤悲。愚于中学毕业之期方迩，前途茫茫，不知所届。思潮所及，辄慕半工半读之事。因而握管为说欲以质诸先辈，暨同学之前，借以自勉；且愿读者有以教我也。

（原载《北京高等师范学校周刊》第69期，署名：赵世炎）

我们读书时间分配的问题

（一九一九年十月十六日）

我提出这个问题，原来是什么意思，请先说说：（一）很多的人说："忙得很，忙得很！"或是说："没有功夫这样，没有工夫那样，……"；（二）有很多人又说："没有事！没有事！"或是说："不要紧，很可以慢慢的！"或是又说不出个所以然，但是总觉得没有事。这两种是极端反对的，然而都是实在情形。

两种所生的现象：第一种好像个"无事忙"，因为忙不出个所以然；第二种是自己知道有事，却不承认有事，但是这种人总归有点事，只要张着两只眼，就有"眸子不正"的事；就是闭着眼，也有"梦邯郸"，"梦周公"的事。所以这种人没有事还是有事，唱戏，喝酒，冶游，打牌，赌钱，抽大烟！

有这以上两种极端相反，动机不同的事实，却又是同归于无用；所以到底要怎样才好？我们现在是在读书，别的什么这界那界的“奥妙生活”，我们且不必管，我们先讨论自己。并且我恐怕……恐怕……我……你……他……我们：不属于第一类，就……就属于第二类！

人是不是当然很忙，是不是当然没有事？忙的人是不是真忙？没有事的是不是真没有事？这些问题都不必讨论，只简单答复就行了。简单两句话：“人的事很多，但是不必忙”。

所以我们读书的事很多，但是也不必忙。读书的事，对于我们，一点也不忙，我们觉得忙，是我们错了！至少说是没有事，当然根本上不能成立。读书又要去赌博、冶游，就不必挂读书的招牌。要说“逢场作戏”，就不必瞒着父兄；要说“偶而为之”，就不要再干第二回。打不了“读书”的招牌，也就要打“人”的招牌；难道真在鬼门关喝了迷魂汤？不然我们不要忘是个“人”。

读书既是不必忙，忙是由时间上生出问题，所以我想讨论这个时间分配的问题，我们少年学会有讨论一项，我就把他提了出来；几天以后，接到弘毅、综两位会友的起稿，已经录在前面了。

弘毅君一篇，虽是理论，却也切实。他说的书的性质，人的精力，与环境关系等等，都很扼要；不过他把我的题目有点误解：他说的是我们如何分配读书时间，我说的是我们读书的人的时间分配的问题。

综君的“十分之几”分配法，很有道理，决不是随便的，我们细看看细想想就会明白。要注意的，就是他第四项的做工时间，特别占十分之三，这又要拿“工读主义”来说明；只可惜我们没有一个实行的办法。依我意思，只要属于“同时不用脑力”的事就行，譬如关于私人或公众的亲手“操作”的事，就算劳力；再退一步说：我们往返道途，譬如入校及归家，以步代车，也是一种；又如吴稚晖先生所说的“青年的工具”：家庭中，书房中，有些器具，真干起来，也好极了。

综君的第五项尤要特别注意，我们学生界在这“五四”以后，群众运动渐收束了，但是中华民国已经给了我们一种担负；所以如综君第五项的说明中，我们总要择一项，若能力不够，也要出脑力预备，拿出时间去试；他这“十分之几”分配法，最为平允，大家都做得到，我认为这分配法是共同的，不过我个人现状与他的微有不同，我且写出来与他作个比较的参考：

（一）校课占全时间（上课不计）十分之一。

（二）看参考书等占十分之二。

（三）看新书报、新杂志占十分之一。

（四）劳力工作占十分之二。

（五）劳心的事占十分之三或四。

（六）运动占十分之一或无。

这都是以我现状说的，我的工作的事，说个笑话：小而言之，自己照料饮食，洗衣洗裤，补衣补裤，我都认为是劳力，我也常常作，总之我认为实行“操作的”，就算劳力工作。我自己觉得不对的，就是第五项占的太多，应该减去一分，增入第二项或第六项：我自己明知应该改良，无奈乎不能实行，并且第六项几乎没有，我自己知道很不对。

我个人的“十分之几”分配法，不足计较；我觉得综君的很对，很可实行。惟“十分之几”的方法，用时间的单位限度计算起来，是怎样？若不说明，好像是一个“对于已过的观察”，不是“对于此后的规划”了，那岂不近于“造册子”、“画表”的事，岂不糟糕的？

我们要拿钟点来做单位，决不行；因为以上六项不能每人每日件件都做。若以一日为单位也不对，因为不能说今天做某项，明天做某项。以周以月更不行。所以不能有绝对的单位，只有一个时间单位的限度；这限度用钟点用日全不行，三日五日，又不好计算；最好就是一周。简单说：“把一周的时间（除授课、休息、睡眠不计）分为十分，照着前六项分配实行；如第（一）（五）（六）三项可以全天全有；（二）（三）（四）不必每天都有；换一句话说就是：一周之内六项全要做到，全要按照所分配的分数。”

以上的大致如此，详细的我们一面想，一面实行，自然觉得很明白，并且一定觉得有趣，不过这些时间，我们都把授课、休息、睡眠时间除开，这三种也是我们的时间，并且占去了大半分，我们不可不研究。

（甲）授课：这个没有问题，当然要用心听讲，不过也有不可听的；对于这一层，我就主张不听，不特不听，直到可以听时才去听；我匀出这时间，还可做“十分之几”之内的事，不过不要做“逢场作戏”“偶尔为之”的事才对，至于甚么“旷课”“缺席”那是学校造册子的事，与我们无关。

（乙）休息：这一种时间分几种：（1）下课以后的最短时间；（2）饮食以后的最短时间；（3）“十分之几”中各项内最短的时

间，大概不外三种，长一点的就是睡眠，或是卧病，这是不在预算内的，或是有特殊原因的长期休息，这三种都是一定有的，没有什么可以研究。不过这些休息都要真的，要是适当休息也拿着书看，这叫做“自苦”。

（丙）睡眠：前两种的时间，不能人人都同，这一种依理可以划一。有很多人主张每日睡八点钟[1]。我以为春、秋二季，应该睡七点钟，冬、夏二季应七点半钟，春秋二季的时间，比冬夏贵半点；理由也不是因为什么“春光明媚”，“秋朗气清”，不过这两季比较上可以少睡半点钟，并且还有地域变迁不同，不可概论；退一步说，四季都是七点钟也好。我们总要睡得够，别的分配的时间才能准，所以不能不有一个允当的限度；至于睡后半夜的两三点钟或是“明天以后前半天”，那是“逢场作戏”，“偶而为之”的结果，他的时间就没有分配，也不必管他了。还有“昼寝”一件事，也不应当，这是算在七点钟之内，也觉得零碎，顶可以不必，孔夫子骂宰予，是一个很好的教训。

以上的三种说完了，再将我们一天时间总算一算：（一）授课普通八点或九点，且以九点计算；（二）零碎的休息，二点钟；（三）睡眠七点钟；这三种就算占去十八点了。除下的六点钟就是“十分之几”的分配所占的时间了。倘若只有八点钟的课，或是只以五点钟分配“十分之几”的事，以这一点钟流入休息内也可；又若没有八点钟的课，就可以多出的钟头，加入“十分之几”内。

[1] 点钟：此处表示小时，为保留作者原版习惯用字，后文同样情况请注意区分。

这“十分之几”的分配时间，用一周为单位限度，到现在就可以用钟点计算，如上所说，平均每日六点钟，七日就四十二点钟，再加入星期日没有课的八点钟，就共有五十点钟了。把它分作十份，每份就是五点，所以我们每周有：（按照综君所分配）

（一）十点钟温习校课（平均每日一点以上）。

（二）十点钟看参考书（可以五日分配之）。

（三）五点钟看杂志（可以四日或五日分配）。

（四）十五点钟作劳力事（可以五日以上分配）。

（五）五点钟作劳心的事（平均每日几十分钟）。

（六）五点钟运动（平均每日几十分钟）。

我的“我们读书时间分配的问题”，说到这里，已经完了。题目是妄拟的，这样分配法，综君提出来，与我意思同，我就把他说明，是不是对呢？不知大家意思怎样？不过我觉得很可以实行，我自己的是实行了，并且我想几十年最时髦的“壁上贴的功课表”，差不多每一个学生都有一个，是不是造册子的作用？也不知道；贴在壁上，能实行不能实行？是一个问题；天天如此，是不厌烦？又是一个问题；并且有几天又换了一张贴着的；有把几点几十分都定出来的；这些事我都干过——我想与其这样死，不如改个活法子。大家的意思怎样？我们可以从细商量；我们“少年学会”研究问题，是很欢迎人指教的。

（原载《少年》半月刊第2期，第二至四版，署名：琴荪）

说少年（续）

（一九一九年十一月一日）

（二）现代我国的少年：

甲（总论）

我要说“现代我国的少年”，我又先要作“现代我国的少年”的总论，岂敢！岂敢！普通一个人要论一件事，总说是问世十年或八年。可怜我自从四岁起，读了三四年的《三字经》、《百家姓》、《龙文鞭影》，又读了三年的四书、五经，到了十一岁进高等小学，三年毕业又进了四年中学，现在刚脱离中学，我那里会知道世是怎样问法？我既没有问过世，读的书又很少，我的家庭愉乐，抛离的很早，我的朋友交际，又很冷淡，叫我从何下手来论“现代我国的少年”呢？莫奈何我的脑筋一定要发出这个题目，我的手一定要拿起笔来写。细想起来我只好顺着脑说我自己的话。对与不对？大家原谅。

我有一个同乡曾慕韩先生，曾做一本书叫做《国体与青年》，他所说的现代青年有三种：（一）堕落的青年；（二）迷惑的青年；（三）自杀的青年。我常常拿这三种，反省我自己：第一层堕落，我自己不能说自己，因为自己说的近于掩饰；第三层的自杀，我自己并没有这样计划，并且常由人生观上反对这事；惟有第二层的迷惑，可怜我自己实在不敢辩护！我现在要说的自己的话，就是要说迷惑的少年，与我这最幼稚观察所得的迷惑少年。我脱帽三鞠躬，向国中自命少年的深深请一个罪，因为我拿迷惑的少年来说“现代我国的少年”。

（乙）所处的家庭

不得不已！我既拿迷惑的少年来说现代我国的少年，我要说现代我国少年所处的家庭，就是迷惑少年所处的家庭。迷惑少年所处的家庭，也就是一个迷惑家庭，糊涂家庭。现在一般人所谓的“家庭教育”，要没有迷惑的家庭，何至于有迷惑的少年？给以袭产，养以丰衣美食，逞一时情感的指腹为婚，抱子添孙主义的早早娶媳，这是迷惑家庭政策的第一种。希望子孙，达官贵显，光宗耀祖，步步高升，今年读字，而明年该读五经了。托张求李，送进学堂，几年速成？越快越好，毕业后可以拿多少钱？差事好不好？将来某某先生，准可以托他提拔提拔，一家子有希望了，孩子出头了！这是迷惑家庭政策的第二种。“子孙虽愚，诗书不可不读”。过了几年，四书五经念完了，或者是高等小学或中学毕业了，有的是家业艰难，有的说是“世道大变”。人上托人，设法求事，东拉西扯，找点小本，作朝不保夕的糊口生涯：张某是洋行买办，李某是钱店经理，叹惜连天，垂涎羡慕，这是迷惑家庭政策第三种。迷惑的路，千条万条，层出不穷，实在是描写不尽！还有张百忍的五世同堂，人人说是佳话，孰知道一般的家庭，只要时机成熟了，就举行“瓜分”：有的由父母主动，大批爱甲儿，恶乙儿；有的由兄弟争闹，或说父母偏爱，或因行为不合；有的是父子之间，发生问题，父说子不肖，子怨父固守，作儿子的，以为这财产是应得分的，有丝毫不平均也不行，作父母的，以为财产是应该给子孙的，若不然子孙何从生活。一般自命少年的，因此一天一天想，产业何时可以分？自己将来得了分产，如何的妻子、奴婢，享受快乐，这都是迷惑家庭所产出迷惑少年的行径，并且是一般自命少年所互相标榜，互相竞争的。大家由这种迷惑家庭钻出来，由各张旗鼓，创造自己的迷惑家庭，传之子孙，迷惑无穷。

（丙）所处的学校

教育！学校教育！“教育即是生活”，学校就是舞台了！由迷惑家庭培养的子弟，受迷惑家庭产出来的教师教育，与一般迷惑朋友“日居月诸”实行迷惑的生活。学校是一个进身之阶，学问是一种手段，时髦不可不趋，面子不可不讲，八十分是甲等，七十分是乙等，军国民教育，养成效命“国内沙场”的志士，慷慨悲歌，做几篇“元元之民，陷于涂炭”的文章，马褂尚黑，长袍尚白，自来水笔，亮光皮鞋，运动短裤，卫生毛衣，处处要挂学生的招牌，总怕人不知道我是学生！这都是时髦少年所受的教育与行为，是好是坏，我岂敢批评，不过我以为迷惑两个字，终不能免。至于在学业与操行各方面，我们迷惑少年实受赐不少；惩戒，记过，革除，我们知所警戒了；给赏，记分，褒奖，我们知所荣辱了；考试，发榜，甄别，我们知所发愤了。“黑者，黑也”“读书人应受绳墨”，这都是至言至理，小事不敏，静而听之。像这样的教训，是非得失？我又岂敢批评，不过我觉得都是造成迷惑的根源，还得研究才好，要公开，不要秘密，要进取，不要保守。可怕杜威博士真利害！他说“教育即是生活”。我以为中国的学校是些衙门，四班八房，典吏差役，无所不备，造册子，出训令，一层一级，森威谨严。我们在学校作了囚犯，出了学校，也就不免一个土匪！可怜！可怜！官僚式的教育！贵族式的学生！迷惑的少年！

（仍未完）

（原载《少年》第3期，署名：赵世炎）

万国工人救济会与中国工人

（一九二四年六月二十七日）

工人本来是没有国界的，自从劳动运动勃兴，他的基础就建筑在国际的联合上。因为，劳动问题是普遍的，决不只是某一地或某一国的现象。各国资产阶级在相互间虽是攘夺竞争，而对于劳动阶级的压迫和剥削，却是一致的进攻。因此，劳动者的团结也不能不成为国际的。他们一方面要用这种团结抵抗敌人阶级，一方面要用以谋相互的扶助，特别在急难时，作相互的救济。万国工人救济会（The International Workers Relief 或简称 I.W.R.）就是专门为后一种目的之国际工人的组织。

这个组织，成立于一九二一年七月中，由第三国际及红色职工国际发起于莫斯科，不久就广设支部于各国。同年八月，在柏林又组织俄国灾荒工人救济会，发起的人是有名的蔡提金（Clara Zetkin 德国老社会党）、哥尔基（Maxim Gorki 俄国文学家）、巴比士（Henri Barbusse 法国文学家）等，嗣后便有许多文学家、艺术家、政治家，并不属于共产党的，都纷纷加入，如法郎士（Anatole France）、爱因斯坦（Albert Einstein）、萧伯纳（Bernard Shaw）、孙克勒（Upton Sinclair）等等……嗣后组织愈更扩大，欧美工人阶级同情心愈增，都起来参加。一九二一年八月间第一次对万国无产阶级的檄文发出，立刻在各地就组织了各种专为救济俄国饥荒的事务，汇集捐款，购买米麦、衣服、药品等，送往俄国。几月以内，经万国工人救济会代表护送到俄国的粮食至三十三万多布特，分配区域及于十三个大省份之广。这次的伟举，成就既快，范围又广，参加施助的各国工人与慈善家，既不全属于第三国际或职工国际，完全是为对于俄国革命的一种真实的无产阶级的同情。俄国灾荒之救济，要算万国工人救济会第一次伟大的工作，同时也就是他的组织信用在国际无产阶级间的增加。

嗣后万国工人救济会又专门组织为孩童的救济。据一九二三年一月柏林开扩大委员会时的报告，在五个月内就成立了六十个孩童院，收容了五千二百余男女孩童，完全给以供养，另于各种休息院，公共食堂等处，又收容了五千六百余男女孩童。此外在美国、德国、荷兰等地，都设有许多孩童院，办理非常完善，几万儿童都得了新生命。这是仅就孩童之救济一项说，万国工人救济会之组织，其机关分部已是遍于世界各大都会的。一九二二年六月柏林委员会会议又决定，因俄国灾荒事务的结束，经第三国际的代表提议，改变救济灾荒的工作，以后成为对苏俄经济重造的万国无产阶级协助的组织。两年余以来，成立各种企业、公司、无产阶级银行，得苏俄政府的信用，成绩十分良好。

自从法国军队进占鲁尔，引起德意志资产阶级的破产，并引起遍于普鲁士全境的剧烈阶级争斗。德国无产阶级失业者至于十余万人，马克的跌价，物价的昂贵，饥馑大灾日甚一日，目下困苦达于极点。于此而万国工人救济会的责任又到了。现在万国工人救济的各国委员会都在德国设立食堂，供给饭食，每日至少要供养一万五千余人，而且日有增加。各国支部在各本国更竭力活动，苏俄的少年共产团男女孩童组织队伍在大都会街市募捐，此外如美国、法国、英国、荷兰、比利时等支部都与当初救济俄国灾荒时一样，非常努力。各国的工人阶级也都肯慷慨相助，凑集捐款，表现无产阶级的同情。在各国由万国工人救济会发出的口号是:“一百元可以供养一日救活一千个德国工人”;“捐款捐的快，便等于捐两倍”。

万国工人救济会的意义和他的过去工作成绩，已如上面所略述了。他的目前紧急工作便是对于德国饥荒的救济。万国工人救济会在欧美各处支部极多，东方于日本东京也有支部，惟中国尚没有。这并不是由于该会不到中国来设支部，只是由于中国工人还不知道，还没有自己起来参加。我们历来看见中国凡关于这类救济事业，都只由几个慈善家提倡，才能成为运动，而由工人平民自己起来发起，特别是对于外国平民无产阶级的援助，在中国还没有看见过。工人是没有国界的，灾荒救济的事业，尤其是人所同情，中国工人阶级于近几年来常常表示他的力量，团体组织也很多，对于这个表现万国劳动者互助的组织，我们应当早早参加，特别是目下对于德国无产阶级的救济，中国工人更当刻不容缓，急起直追。

（原载《民国日报》副刊《觉悟》，署名：炎）

杂感："到群众中去"

（一九二四年十二月十四日）

摆在目前的政治问题明明只有两个方向:（一）倒转来希望军阀的统治有一个较好的局面，倒转来走向封建社会制度的旧路;（二）急起直追以要求民族主义的实现，要求一个外而抵抗列强内而扑灭一切封建余孽之独立自由的中国。因此，我们曾经大声疾呼：人民现在要的是国民会议呢，还是军阀的独裁政治？我们相信除最少数的官僚阶级外，大多数的人民是走的第二个方向。大多数的人民没有走第一个方向之机会，因为实际政治教训给与民众对军阀武人官僚绝望。而军阀之本身，确已到崩溃的时代，也绝没有所谓较好的局面建立之可能。因此，我们的第二个问题就是：这种主张要怎样才实现，谁能够代表这种趋向而奋斗呢？

肯定的答复这个问题，我们的意见，惟有民众在社会各阶层中团结组织起而自行战斗才能实现，而代表这种趋向的适宜人物是中国国民党。

中国国民党直到现在还没有广大的群众明显的聚集于他的旗帜之下；虽然现在占有较多数的同情民众在社会上有种种表现，但是国民党自己并不有许多工作可以吸收且增加人民的同情。

时势给与国民党的机会本不少，而国民党常常自己躲避接近民众的工作。因此，下面的口号在国民党现在是最切用的：

到群众中去！

（原载《政治生活》第25期，署名：乐）

国民会议之理论与其实际

（一九二四年十二月二十一日）

一

中国人现在需要一个德谟克拉西的人民会议。这个德谟克拉西会议必须由人民的团体自己组织而成，经过领导民众运动者之号召。会议的目的是在解决目前之时局，建立一种摆脱帝国主义者羁绊与军阀的操纵之独立中国的政治。这个会议为我国历史所未有，在世界史上亦找不出相同的形式来，其原因是我国现在的经济与政治状况所形成之半殖民地地位，非历史上任何事实所可比拟。而且这种会议的运动，在现时尤有两种特质：第一，这是革命的；我国民众现在两重压迫之下，绝离不开革命之立场；其次，这是给与大多数人民做合法的公开的政治运动之机会。

作者在这里所说的德谟克拉西会议，自然就指的是目下所说的国民会议，而在我国半殖民地地位的实际状况上，现在需要社会各阶级的合作政治运动，所以国民会议之内容与其目的应是德谟克拉西的，无容讳言。我们分析现代中国之经济与政治状况，明明看出大多数的人民只有两条路可走：（一）倒向军阀与帝国主义听其统治，易言之即倒向军阀仍维持封建制度之现状；（二）或是看清了现状而急起直追以顺应民主主义的潮流，企图独立与民治的中国之建立。我们一方面固然痛恨军阀之统治竭力遏止人民的政治运动，但另一方面我们必须告诉民众以什么是民众的权力：民众的运动进了一步，统治者的嚣张就会退一步。在现时的政局状况下，很明显的是民众政治奋斗之机会，广大的社会各阶层民众，必须依照各自的经济与政治地位而在这个时局中战斗。

二

国民会议之理论的基础是什么呢？

我们首先当认定国民会议之本身仍然是一个国民革命的口号。这个口号在实际的政治状况中，同时又是一种公开的合法的民众政治运动，其目的在号召社会各阶层群众之广大的觉响；而口号的本身民众化之结果，成为民众自己的呼声，民众自己的政治势力。我国大多数人民消极顺守于封建循环政治之下，到现在亟须有民众自己的政治要求，而国民会议是解答这个要求的目前适宜方案。

把国民会议当做国民革命之口号，是由于目下国民革命运动有一个发展可能的新局面，而号召革命运动者必须提出民众发展之具体的方法。这个新局面是客观的，其发展可能性是建筑于两种客观事实上:（一）帝国主义者由协同而至于冲突，由冲突而至于分立;（二）军阀之势力由对抗而至于争斗，由争斗而至于分化，由分化而至于崩溃。但这个新局面固有引导国民革命运动进展以致成功的可能，同时也有因基础民众势力不备，战斗不力，统治阶级压迫或反革命与妥协倾向发展而致失败的危险。因此而我们向民众提出政治之具体方案，使民众由历来躲避在两重压迫下的地位而勇于站在起而过问政治的地位，是把国民会议当作口号之最近目的。这个目的惟有革命党才配采用，靠武力掌握政权者为要借招牌撑门面而以制造拥戴机关为最后手续的，不仅不配采用，且与国民会议之真义正站在反对方面。因此而在现时以国民会议为对民众下动员令之时机中，倘若不辨析国民会议之真义而只笼统以解决时局问题作宣传者，其结果是只替统治阶级制造民意，陷于战略上的错误。

帝国主义者间的冲突是综合许多事实所表现的国际之痕迹。这些痕迹本没有一定的形式，特别是在殖民地与半殖民地之宰杀场里，极尽变动之能事，由帝国主义者自己依照时机，随意运用。但在行动上的表现，没有任何一种形式不是属于进攻之方略的，只因进攻有迟缓之不同而外表遂有客观的积极或消极之异。列强帝国主义者侵略中国现在已经过三种形式，同时也就是经过三个时期，而现在是在第三个时期中。这三个时期就是：瓜分、共管、分立。分立形式之所以成就便是由于帝国主义者间自身之冲突，而在连续的三个时期中之所以分划的是由于帝国主义者政策之表现，实际上他们——帝国主义者——无一日不冲突，无一时不相互矛盾，而造成最后的目下之形势。帝国主义者为什么必须有冲突呢？为什么有最后的目下之形势呢？客观的物象事实告诉我们：帝国主义的发达与资本主义之发达一样，而且帝国主义是资本主义发达到最高峰之结果；按照资本主义之必然的程序是由发达而至于矛盾，而至于崩溃，而自掘其坟墓；帝国主义亦因发达（强暴侵略殖民地）而至于冲突，由冲突而至于分立，因分立而继续冲突，以至于死！谁能叫它死，把它扑灭呢？这就是各工业国的无产阶级与农民阶级及殖民地与半殖民地的被压迫民众之革命。

中国的农业经济养成了封建军阀阶级之循环统治，并且使这个阶级逐渐壮大，同时亦逐表现社会经济与政治关系之复杂。这种复杂状况在现世界上是无可比拟，从完全奴役的非洲美洲黑种民族之社会经济与政治形式到帝国主义用进步方法统治的印度和菲律宾，都没有与中国相同的。近东诸国虽有较为近似的国情，但其内国状况亦不如中国之复杂。然而便是在这里，帝国主义之侵略发现了它的矛盾点。这个矛盾点由两方面看出，我们若以辩证的形式说起来就是：农业经济之破产是必然的，但帝国资本主义之侵略是矛盾的；另一方面，扶助军阀以建立统治是必然的，但扶助之利益本身因有冲突而是矛盾的。现代中国之经济与政治状况，即建筑在这种客观的矛盾物象与人为事实上。

我们之所谓国民革命的新局面与适合于此新局面的具体方案，便是从上面所说的客观矛盾事实辩证出来。在资产阶级的学者或小资产阶级的玄想家，也许要否认此论，以为我们没有附和他们的“内政不修，不足言御外侮”之主张，以为我们“太看重物象经济”或“妄用哲学”，其实这都是他们的恐怖之论！科学的社会主义者之社会政治见解，没有一件不从客观的事实辩证出来，马克思列宁主义者之革命战略，从没有站在抽象的毫无事势基础之空论上。

三

以国民会议作解决时局之方案而最早向中国民众提出的是谁呢？这就是当去年北京政变（曹锟使冯玉祥赶走黎元洪）而贿选成功后曾发表召集国民会议为解决时局主张的中国共产党。中国共产党屡次向全国被压迫民众提出政治奋斗之方法与出路，而这次复响应中国国民党领袖孙中山先生之号召，并提出了十三条具体的方案（见《向导》第九十二期及本报第二十四期）来，这些条之中所包含的，除开帝国主义者与其走卒军阀官僚外，没有人应该能够反对一个字。我们以为：国民会议此后之实际问题，就是中山先生所号召的九种社会阶层之人民团体（尚应加妇女界与新闻界）怎样按照这十三条要一字不让而作奋斗的问题。

国民会议既是各阶级合作的解决国是之一种形式，所以各阶级都有其利益之实际。我们把这些实际正确地指示出来是必要的。离开了这些实际问题，各阶级便会走错参加国民会议的希望之路。

幼稚的中国工人阶级本是国民革命的主要生力军，按照它的最后目的，一个国民会议固然不足以满其要求。然而中国工人受压迫的原动力是出自帝国主义与军阀，而力量的薄弱与阶级势力之不雄厚是由于中国的工业历来被阻碍发展而工人之经济生活形式尚不集中。其次工人失业的团结自由现在所以没有，是由现政治之不容许，许多实例很足以证明，而现在实有积极的参加各阶级民主主义奋斗之必要。因此而国民会议能给与工人阶级的：第一是政治发展之机会；第二是经济的奋斗与团结罢工自由及劳动保护与教育等的明显的要求之取得，使工人阶级有公开的战斗地位，摆脱半殖民地被压迫在最低层之痛苦。

在占大多数人口的农民中，农业经济破产之根本原因是帝国资本主义的侵略，而现在生活困苦灾荒频仍之现象乃由于中国混乱的政局所赐与。农民在中国各社会阶层所占的地位是远于政治而忍于压迫，但现在时局所给与农民之机会，正是可以发展的关键。在农民中，有许多具体的实际问题，如：赋税及一切杂税，土地与佃租，农业品价格，兵灾匪乱，农民的教育，自卫的组织……等，都是很迫切的要求。现在国民会议口号下，以占大多数人口之农民，正有一个可以进展接近于政治要求之良好机会。

在工农阶级之外，于社会经济上占重要地位的要算工商业阶级了。依中国近数十年的工商业发达史看来，我们可以肯定说：惟有抵制列强的经济侵略才能得真正的工商业之发达。目前为国民会议口号之一的收回海关，便是工商业阶级切身利害之所在。工商业阶级此时如有觉悟进而作政治的要求，其结果是占在最有利益的地位。本来在民权中市民阶级之受剥削，是由于封建政治及其依托的帝国主义之压迫所造成，反抗这个压迫的主要原动力，在工商业阶级本负有重大责任。而且工商业阶级本已有团结及合法的社会地位，惟在政治下受压迫与各阶级同，而现在正是解除这些困难，且力求进展之机会。但是这个机会必是与各阶级提携的，工商业阶级单独也得不到。

除此以外，在社会经济上没有形成为整个阶级的，还有知识界、兵士的队伍，以及非社会职业结合而为政治性之普遍集合，或地方集合的团体等，处于目前政局中，各有其政治利益之必须的要求。知识界之主要的失业问题与青年求学问题，依照过去的事实证明，没有人不承认与政治现象切肤相关。广义的说起来，社会各阶层中知识界之内容异常复杂；但依职业论，则各自有其地位。这种社会地位，特别是教育界，历来被认为有重要作用之分子，其在目前的责任是不可放弃的。半殖民地的知识界，依照经济状况所产生之文化程度，还应该是革命性较重之社会成分，更按中国过去现象引证起来，也合于事实。所以在国民会议之途径上知识界占了三种的集合。同样的情势在社会其他各阶层中，莫不有密接于国民会议之政治与经济的利益之需要。从游民土匪的问题到遍满全国的职业兵士之生计问题，都共同追起国是解决中之一部分或几部分的需要。

中国社会各阶层在未来国民会议的希望路途上，都各自有其实际的立场。国民会议之所以为各阶级之合作形式，是产生于这些实际立场之上的。然而民众不自动，不自要求，不自认国民会议为根据经济与政治现状解决时局之适当方式，其结果不仅是各社会阶层所受之压迫是继续的，且将至于国家沦灭，民族堕亡！

四

我们始终所不当忘记的是，国民会议之本身是一种革命的口号。因为：（一）在未成功以前也可以说，姑无论成功与否，这是号召民众之真切的标语；（二）这个标语用于民众，也发生于民众之号召者，绝不是御制的会议，即使统治阶级有意弄成欺骗民众之工具，而民众应当从早鉴别，以实力为后盾。因此而关于国民会议组织问题之为引起疑问或纠纷者，全隔于一种自缚的错误。

按照中山先生所号召的国民会议之组织法，其可能性是摆在民众面前的，只看民众能否使用这种可能性。中山先生与其所代表的国民党固然可有一个建国的程序提在民众之前，然而民众不自动，任何的程序都归于无用。关于国民会议组织问题，现在似乎已有几种观念：头一种是思想一些片面的事实，或根据一些抄袭欧美资产阶级之法理观念，来胡乱猜疑评论的；第二种则是发源于一种懒惰的心理（这种情形在国民党内部也有），或者也可以说并不懂得，因而要想免避纠纷，不肯讨论。实际上则是：组织上之纠纷从何而来？大多数人民还没有组织，又何从说到纠纷？国民会议是今日或明日就可以成功的么？中山的宣言明明说国民会议必有其预备会议，而且这个预备会议须赶快召集。中国共产党更主张由此预备会议产生临时国民政府，号召全国的惟一政府，为挽救帝国主义者分裂中国之重招而成立，并依赖各阶级的民众势力及与帝国主义尚无确定关系的武力之拥护而存在。赞成国民会议者目下所应先赞成的就是这个预备会议；要讨论国民会议组织问题者，请先讨论预备会议之组织并怎样赶快召集的问题。但这个问题在中山的宣言已有其原则与具体方案。这些原则与方案已得民众之谅解与接受，而此后落到实际问题上，只是如何去补充与定成。

同时在民众方面的谅解与接受已有一个极明显的反证，这个反证就是大家对于所谓善后会议之不谅解与不接受。但善后会议毕竟因此而不能成功么？这并不是我们要讨论的问题。我们在实际上固可以反对善后会议，也可以说必须反对善后会议才能有主张预备会议之立场。但我们应该真实努力的是预备会议之正面宣传与其预备。另一方面，我们也很可以判断善后会议之能否成功，与判断国内军阀在目前是否有完好统一政治局面之可能一样。大多数的被压迫民众应该不要怀疑；从袁世凯到吴佩孚，所有的军阀政治都没有统一和平之可能；从鸦片战争到临城案件，帝国主义者之内部时时实现冲突，瓜分不行共管不成而现在分裂中国之形式亦尚未完全成就；逼到大多数被压迫人民之目前的问题，只是如何组织民众队伍，如何发展民众势力，如何战斗。大多数被压迫民众在不怀疑之后所应记识的标语是：胜利产生在我们战斗以后！

（原载《政治生活》第 26 期，署名：士炎）

小资产阶级对共产主义之恐怖

（一九二五年一月十一日）

在最近混乱的时局中，社会上颇表现一种奇异的现象，这种现象就是一般小资产阶级对于共产主义之恐怖。外国帝国主义者在中国之宣传是十分巧妙的，他们能够用种种手段以恐骇中国人民，达到使中国人民对于他们的政策之服从。他们死口咬定孙中山先生主张废除一切不平等条约，就算是过激派，又利用俄国反革命的白党在中国流离生活的事实，做出反对的宣传而使中国小资产阶级对布尔什维克党发生恐怖。在中国的各种外国报纸，每一天都要捏造一点新闻，或在论说里放出一点腔调，鼓动并挑拨人民对于民族解放运动者、爱国运动者的同情心之减少。另一方面，中国人民自己的言论机关也握在外国人手中或其影响之下，稍微可独立的，除最少数外，也因为党派的关系，站在反革命的立场上，其言论当然与帝国主义者所指示的符合，彼此心照心印，因为这个原故，关于共产主义之谣言在最近时期内乃愈出愈多。特别是在北京，在这个官僚与小资产阶级构成占主要势力之社会里，共产主义之宣传不见影响，而反共产主义的糊涂空气，却一天一天的更加增高了。

我们愿意严重警告一般反革命人物，共产主义的内容到底是什么，绝不是你们所知道的那样简单。你们的口调所谓“共产”，毫无脑筋的把“共产”二字作字面的解释是极无聊而可笑的。你们这样无聊并不能伤害共产主义，亦不能防止劳动阶级所必然走向的共产主义之路，更不能妨害目前共产主义者所赞助的国民革命运动。你们这样行为只是暴露了反革命的证据，而静候革命群众之裁判。

共产主义是什么，这不是在此地所能解释的，我们很愿意有机会供给读者以种种关于共产主义知识之材料。不过在这里我们要先说明几个最重要之点：

（一）共产主义是国际的，世界的，而不单独是中国的。

（二）中国共产党是世界共产党的一部分，并不是中国特有的党派。

（三）中国共产党在目前对于政治之主张，是根据于中国之经济与政治状况的实际，而要求外倒帝国主义内倒军阀之民族解放的人民政治，这种主张丝毫没有什么奇异，更不是如反革命党那样传说的无聊与可笑，有所谓要马上实行共产。

关于第一点，共产主义这种科学的社会主义，其发生原因与内容在这里无容详说，但在共产主义旗帜之下作战的，现在已有过半数的世界劳动阶级与占大多数的被压迫民族是一件事实，这个事实没有人能够否认。其次，关于第二点，同为世界上有这样占多数的劳动阶级与广大的被压迫民众，当然有其国际的与民族的组织，在同一旗帜下奋斗，中国之劳动阶级与被压迫民众绝不会是例外的，所以中国共产党有其组织与革命战略也无容疑问。帝国主义者统治阶级现在各处都一样，都一致应用共产党（在中国有时依照日本人的意旨称过激派）一个名词作陷害人的罪名，在民众中利用其统治优势把共产主义说得与洪水猛兽一般，使资产阶级，小资产阶级及一切反革命阶级发生恐怖，而实际上则是：世界上的革命潮流一天一天增高，苏维埃联邦已有坚固不拔的基础，欧洲无产阶级之革命风潮日急，近东与远东及美洲非洲被压迫民族的解放运动，也如怒潮澎湃了。

最后关于第三点是我们要解答一般人恐怖之所在。在中国对于共产主义恐怖的人，至少应先把中国共产党之主张明了，再判定是否值得堕入恐怖。目下全国沸腾一致呼号的国民会议，我们早已指出这是中国共产党在两年以前直皖之战以后所曾提出的主张，当去年东南战争发生时，中国共产党曾发表对时局之宣言，在今日看来其分析与判断都成预言，这种明晰的判断是别的反革命党派所能见到的么？这种明白指示出人民解放道路的主张，为什么反值得大众恐怖？更切实的解释起来，自从最近国民会议的呼声提起以后，中国共产党又曾发表对于时局的主张，明确地分析现代中国之政治状况，具体地提出了十三条对于国议之意见（见《向导周报》第九十二期及本报第二十四期）。这十三条除开外国帝国主义者与国内军阀外，我们要问问大多数的民众，哪一条是可以反对的？而且这十三条中，哪一条是提出共产主义的？一般人不明了于共产党（科学的社会主义者以劳动阶级为主要分子之革命结合）之主张，甚至并不细考其主张是什么，只一味盲目的反对或糊涂的恐怖，真算是中了帝国主义与军阀的奸计，其结果毫无损于共产党，只耽误了中国民族运动之自身工作。我们对于小资产阶级对共产主义之恐怖没有什么惋惜，惟有大众不明了于中国共产党之主张则认为有解释的必要。而且以为无常识的造谣中伤是帝国主义者与其走卒愚弄中国人民的重要政策，这种政策值得我们严重攻击。在小资产阶级的本身，他们全阶级是否革命的，还要靠最近事实来判断，他们中勾结帝国主义与军阀的分子，在最近必有反革命而拥护统治阶级的行动出现，或者是我们可以预料的事实。这种事实姑且预言，留待革命群众之审判与应付。

（原载《政治生活》第 27 期，署名：罗敬）

“二七”纪念与列宁主义

（一九二五年二月七日）

中国工人阶级纪念“二七”的时候，必须记起列宁。列宁是全世界工人阶级惟一不朽的领袖，他领导欧洲的工人反对资产阶级帝国主义的大战，又领导俄国工人举行十月革命，建立无产阶级专政的苏维埃共和国，筹备世界革命。全世界工人阶级自从有了列宁，才握紧了胜利的局面。中国工人于二七京汉罢工之役，遭压迫而失败，但若记起列宁，便增加我们的勇气，可以预判我们将来的胜利。

列宁虽已于去年一月二十一日逝世，但全世界工人都说：列宁仍永远活于人世。这话怎样讲呢？这就因为，列宁虽没而列宁主义永远生存。列宁主义确实生存在每一个工人、农人及被压迫民族的脑中，革命的工人农人与被压迫民族，都将承继列宁的意志，进行阶级争斗，图谋世界革命之实现。列宁主义之基本是甚么呢？这就是工人、农人与被压迫民族怎样举行革命的一些战斗策略，并且是实验过的，可以得到必然胜利的战斗策略。因此，列宁虽没有而列宁主义之存在可以指导劳动阶级及被压迫民族，与列宁生时一样。我们纪念列宁，便是记忆列宁主义，表示愿意遵守列宁主义之教训。我们在二七纪念时记忆列宁主义，便是在悲痛之中转而兴奋，得到前途光明与胜利的慰藉。

列宁主义特别指示了我们工人以什么？这是需要特别说明的。为说明这个，我们最好引用列宁自己说的话，这些话是列宁运用无产阶级科学之理论与俄国革命的经验战略综合而成，是全世界工人阶级对于列宁主义应有之基础观念。列宁曾将这些理论一点一滴的，一面实验，一面教训全世界的工人阶级。这些理论综合起来就是列宁主义。半殖民地的中国劳动阶级，应该自认为列宁门徒，好好学习列宁主义以便自己应用。把列宁主义应用到中国来，是中国劳动阶级惟一的责任，而且在中国只有劳动阶级才能担负这个责任。

列宁第一件对于工人的教训就是“政权”问题，列宁告诉我们以“政权”之要义是：

一切革命的最重要问题就是政权问题。革命不取得政权就等于失败。到现在，资产阶级德谟克拉西的议会主义时代已经告终了，但新的世界历史已经肇端：无产阶级专政的时代开始。无产阶级专政的问题是全世界资本主义国家中劳动运动共有的问题。工人阶级不懂得这个问题，无异于不知道自己的历史使命。无产阶级必须专政，才能治服资产阶级；没有专政，就没有胜利。在政权问题里，不是资产阶级专政，就是无产阶级专政，此外没有第三种形式。专政的最重要形式是什么？就是苏维埃。什么叫做苏维埃呢？这就是工人农人与兵士的代表机关。这个机关打碎资产阶级德谟克拉西的统治，收回土地给农民；收回工厂，作坊、矿山与交通机关给工人，把权力紧握在劳动阶级与被压迫群众之手，一切政权归苏维埃。

列宁第二件对于工人的教训就是“国家”问题，列宁告诉我们以“国家”之性质与其作用是：

国家只不过是一副机器，资产阶级利用这副机器来压迫无产阶级，无产阶级当然也可以暂时利用这副机器去治服反革命。但是无产阶级只是暂时需要他。从资本主义的社会到共产主义的社会，当然需要一个“政治的过渡时期”，这个时期的国家，就是无产阶级专政的国家。但无产阶级是没有祖国的，因此也并不能狭义的爱国，只有阶级的界限，而并没有国界。国家是必须消灭的，但要到真能“各尽所能，各取所需”的时候，也就是人人都能劳动的时候。阶级不消灭，国家是不会消灭的。担任消灭国家责任的是无产阶级，因为无产阶级是最后的阶级。

列宁第三件对于工人的教训就是“党”，列宁告诉我们以“党”与工人的关系及“党”的使命：

党——无产阶级的政党，即共产党——是无产阶级的先锋队，指导革命的总参谋部。党是觉悟的工人分子组织而成，他团结工人中一部分的分子，但同时领导的是全工人阶级，并且教育一切的群众：贫穷的农人、被压迫的民族，一齐聚集在革命旗帜之下，图谋被压迫阶级的发展。没有任何一种革命是可以成功的，倘若没有坚强的党的组织。工人阶级没有共产党，就如船没有舵一样；共产党是工人自己的，无产阶级专政，事实上也须要无产阶级的党——共产党——来行使职权。什么叫做共产党呢？这就是共产主义的政党。什么又是共产主义呢？这就是，一切公有：土地、工厂、作坊、矿山、交通机关都归公有。工人阶级绝不怕党，而且组党便会十分坚强。工人与农民合组的政党——共产党——将是世界上最后的政党。

列宁第四件对于工人的教训就是“工会”，列宁告诉我们以“工会”的作用与其责任：

在资本主义社会制度下的工人，必须要组织工会一致团结起来。无产阶级要团结成一个阶级，才有力量，有了力量就有行动。工人在当初不知道自己的力量，不明白自己的地位，误认了工厂的厂主真是自己的主人，错看了资本家是劳动贫民的救星。直到后来，这些主人与救星压迫太厉害了，才逼起工人的觉悟，开始了团结、发现自己的力量。工会是资本主义社会制度产生出来的工人阶级的一件工具。工人的阶级觉悟愈发展，工会的作用愈强大。在阶级争斗过程中，工会是工人的营寨；他的责任是保护工人利益的集合，离开工人的利益，没有其他的利益。所有的工人运动，绝没有离开政治的运动。工人阶级每一个经济的争斗，同时就是政治的。

除上面所说的以外，列宁给与工人的教训还多。列宁的著作即十分渊博丰富，他的言论记载尤种类繁多，我们要一一叙述起来是不易的，更非简单说明所能办到。我们做列宁门徒的责任，一面是力求学习领会，另一方面最要紧的还是遵守实行。中国工人阶级越是被压迫得痛苦，列宁主义运用之范围越更切实。

“二七”就是我们受压迫痛苦最烈的一次。我们纪念“二七”，因以纪念列宁；我们愿意以学习列宁主义纪念列宁。因为我们深信：

中国工人阶级要得解放与自由，只有实行列宁主义，与继续“二七”的奋斗！

（原载《二七二周年纪念册》，署名：士炎）

“二七”纪念与中国工人阶级

（一九二五年二月七日）

中国工人阶级的第一个纪念就是“二七”纪念。中国工人阶级斗争史的第一个位置就是“二七”的争斗。“二七”的争斗的纪念为什么这样重要呢？因为：

第一，中国工人阶级初步运动的劲敌，就是封建式的军阀；这一次惨杀事件，是中国军阀对于中国工人阶级最猛烈的进攻，而工人亦最猛烈的反抗，以致成为血染中国工人阶级争斗史的第一次。

第二，中国军阀的主人翁靠山是外国帝国主义者；这次直接向工人进攻的是军阀，而间接主使的是外国帝国主义者；那般帝国主义者对付殖民地或半殖民劳动阶级，用的是最残酷的手段——他们必如此才能达到对于中国之经济与政治的侵略，他们压迫中国民族必首先对付劳动阶级，所以这次争斗的实质，确是中国被压迫的劳动阶级，直接对于军阀而间接对于帝国主义者之鲜红的阶级争斗。

这种阶级争斗的实质既然是如此，他的最严重的意义就是表现中国工人的猛勇的阶级战斗力，而他的最高的价值就是表现中国工人阶级的革命精神。我们工友必须知道：与我们对立的仇敌阶级是资本阶级；而中国军阀与外国帝国主义者正是站在我们仇敌阶级的地位。军阀称兵割据，把交通机关占为私有，事实上就是军阀与我们立在敌对的地位；外国人占有矿山、制造厂，雇用我们的劳力，剥削我们的生活，事实上就是外国资本家与我们立在敌对的地位。我们每次的斗争，必然的都成为阶级之斗争。我们要谋我们的利益——集会，结社的自由，减少工作时间，增加工资，履行罢工的条件；他们也要谋他们的利益——禁止集会、结社、增加工时，减少工资，压迫罢工，以求扩大他们的利润，集中他们的权力。这两种的利益既站在极端相反的地位，自然易冲突而易生争斗；但武器是在敌人方面的，统治地位是敌人占有的，所以工人阶级的血，越染满了敌人的武器，越表现出争斗的激烈，而最后的形式是：劳动阶级在血花中愈更团结起来，仇敌阶级在血花中愈更恐怖！

“二七”流血之结果是什么呢？很明显的是：我们的工会被封闭了，大家不能活动，我们的同志被惨杀了，许多妻子穷苦流离；我们的工友失业了，好多人的生活一时陷于无法救济的地位。但是我们没有忘记：我们同阶级的战士，在当时举行同情罢工的是遍于全国；同时就表现我们战斗的种子，撒遍了全中国工人阶级，总集起来，大家的奋斗力，在一年之内，产生了全国铁路总工会，在一年之后，又举行了太平洋运输工人的国际集合。全国铁路总工会是建筑在全中国铁路工人合力之上的，这就是铁路工友们多数努力的效果，也就是由“二七”事件直接产生出来的一朵鲜花。太平洋运输工人的会议是为远东各国运输工人，特别也为中国交通工人之前途，谋永远的结合，建立国际的基础。因此，“二七”的历史就表现出：一方面是中国工人阶级勇于战斗因高压结果而产出新的觉悟；另一方面则是开始了中国工人在“二七”事件之旁更加团结，更加发愤。

我们中国工人阶级应当怎样纪念“二七”呢？怎样纪念“二七”才算是我们的最好表示呢？我们当谨记着：纪念“二七”的最好办法是莫过于把我们的责任用行动表示出来。“二七”纪念并不只是铁路工人的，实是全国工人阶级的，同时亦是世界工人阶级的。世界工人阶级现在战斗之目的是在举行世界革命，推翻资本阶级；中国工人阶级最近之目的是在领导各阶级的群众以打倒封建式的军阀，并推翻帝国主义。世界工人革命的最近目的是在推翻帝国主义资产阶级的统治，建立劳动者执政的国家；中国工人阶级最近的目的是在打倒军阀官僚的政府，而较远的目的亦与世界工人相同。领导全世界工人作这种奋斗的，是万国觉悟工人自己组织的共产国际与赤色职工国际，而领导中国工人加入这个长远争斗的，也就是中国工人自己的惟一的政党——中国共产党。我们纪念“二七”的最好方法，就是在“光荣的二七历史”之旁更加努力起来，听受我们自己政党之领导，与世界工人阶级取一致的行动，以达到我们上面所说的目的之实现。

“二七”的纪念若要更有意义，必须我们的行动继续，继续团结，继续战斗。并且把我们的战斗力，从散漫的行动联合成集中的势力。全国的铁路工人，要更紧密的团结于全国铁路总工会旗帜之下；各种产业工人，要各自团结于产业组合旗帜之下，并联合成全中国工人阶级的总团结。“二七”事件是指示我们团结与战斗之历史的标记，把“二七”奋斗精神发扬光大起来是中国工人阶级惟一的责任，同时也就是中国工人阶级解放与取得自由之鲜明道路。

（原载《二七二周年纪念册》，署名：士炎）

“利用”与“包办”

（一九二五年四月十九日）

近来在北京学生中，尤其在学生团体中，我们常常听到这种话:“这是共产党的利用”,“谨防共产党利用”,“共产党又把某国民团体包办了”……这些话的形式虽然有种种不同，归纳起来，只不过两个简单的名词:“利用”与“包办”。

这种简单感情话宣传的结果：一方面使许多有活动能力，愿作社会活动的有志青年骇得不敢做事，把有用的光阴完全用到无用的书本去；一方面反革命的分子借此以遂其阴谋，实行其迷误青年，增加反动势力的计划。我们虽然相信头脑清醒的青年绝不至趋向反革命的邪道，但事实上的确有许多青年因为怕利用怕包办而不敢做事。我们对于反动派的阴谋不值得去费唇舌，而对于青年的无谓恐怖却不得不有相当的解释。

无论哪一种组织总有一种主张，一种宗旨；只要这种主张是正当的，他的宗旨是光明的，我们都应当赞成，都应当集中在这个组织里面，共同谋这个主张的实现。在社会里，一般分子要有这种精神才可以谋社会的进化，社会上的事才做得成功。如果看见一种主张从旁人口里说出来，不管这种主张是否正当，是否合于现在的需要，我们都一概反对，都怕受利用而不敢去赞成，去帮助，我们可以断定社会上一切事都是不能成功的。假使满清时代，一般人都怕受孙中山和革命党的利用而不敢做事，中国现在一定还是宣统十七年；假使洪宪时代，一般人怕受蔡锷的利用而不敢声讨袁世凯，现在中国一定还是洪宪的天下。凡是一种主张起初总出于少数之口渐渐才成为普遍的主张，我们只应对于这种主张详加审查，不应因为这种主张出于异己者之口便不敢赞成，更不应因为怕利用而不敢去参加。只要我们承认这种主张是正当以后，这种主张就成为我们自己的主张，我们便是自动的参加，何尝是被人“用”，更说不上“利用”。

我们参加一种团体就变作这个团体中的分子，和一个有机体中的一个细胞一样。只要这个细胞不是衰弱无用，虽然很小，在这个机体中也一定要显出他的功用；只要我们对于这个团体非常忠实，诚心在这个团体内做事，我们个人的势力虽小，对于这个团体也是有影响的，决不会埋没了自己的意志而被人“包办”。我们在会场中诚恳地充分发表自己的意见，只要有理由，只要是为的团体，别人没有不容纳的，决不会排斥你的充分理由而无理的强行“包办”。我们参加一个团体是为的实地做事，为的共同谋某种主张之实现，并不是想在这里面出风头，并不是借这个团体作个人活动，我们偶而未当选职员，未当选干事，未占着上层位置，这是很不重要的事，决不能因自己没占着位置就说这个团体被人包办，更不能因自己没当职员而减少热度，甚至于以后便不到会了。假使存了这种心根本上就不是实地做事，完全为的个人出风头，对于团体是不忠实的，无怪乎别人不信任他，不举他当职员了。这不是别人“要办”，而是你不能“办”；这不是别人要“包”，而是防止你“包”。总之，只要我们忠实为团体，只要实地做事，一定能得人信仰，不要出不到风头就说被人“包办”，更不能怕“包办”而不敢做事。

以上对于“利用”与“包办”作了个普遍的解释，现在再来分析共产党的“利用”与“包办”。

共产党是现世界最纯洁的党，最后的，无产阶级的政党，有明白的主张，有鲜明的旗帜，决不隐秘自己的政见；它是诚实地为被压迫者谋利益，随时替社会做事，谋社会的上进。东方的共产党，更以实际的客观环境参加；扶助与领导民族革命运动。我们对于共产党的主张很可以绝对地无条件地相信，用不着丝毫怀疑；对于由共产党领导的社会团体，应当无条件的踊跃参加，用不着丝毫踌躇。因为它的主张是代表被压迫者的利益，是适合现时的需要，可以引导青年走上正当的道路。

共产党是以取得群众为目的的，它时时刻刻要接近群众的，它对于别人的正当主张没有不容纳的，它决不在任何团体中“包办”。它有时为防止反动势力，贯彻正当主张，仿佛非求贯彻不可，这是应该原谅的。因为反动势力不防止，是与团体有损害的，是要破坏正当的主张的。我们可以说共产党攻击敌人是很勇猛的，但同时尽量容纳朋友的意见，共产党绝不“包办”任何团体，只要团体中没有反动势力；我们也不要怕共产党“包办”，只要我们自己不是反动分子。

现在一般反革命的反动派宣传共产党利用，是要使青年不走上革命的正当道路，减少革命的势力，使他们的黑暗势力得以增长。我们要是信了他们的宣传，就堕入反革命的邪道；我们怕受共产党的利用，实际上已受了反动派的利用；我们怕利用而不敢做事，谁知你不做事就是受了利用，反正都是受利用，我们与其受反动派利用来反革命，不如受革命派利用来做正当的事业；何况革命派（共产党）决不利用人呢。我们不愿意别人“包办”，就应当自己出来做事，你不做事，别人更要包办。反正别人都是“包办”，与其自己丝毫不办而让人“包办”，何不自己也出来办一办，何况共产党决不包办呢。

起来起来！图书馆实验室中的青年们！你们怕受“利用”，就应当出来实地参加社会活动，不要受反动派利用来减少革命势力；你们厌人“包办”，就应当自己出来办，不要让共产党“包办”了中国的革命，不要让共产党单独“包办”了中国最近将来的光荣灿烂的历史。

（原载《政治生活》第 37 期，署名：识因）

“五一节”与中国无产阶级的青年

（一九二五年五月一日）

五一节是工人八小时工作运动的胜利纪念日。三十九年前的今天全美工人执行两年前在芝加哥大会里的议决案，实行大罢工，集着无产阶级的队伍，游行街市，唱着慷慨的悲歌。这个大运动的结果，得到空前的胜利。在最短期间，有二十万的工人得到八小时工作的成功。一八八九年巴黎万国社会党大会共同议决以这一天为八小时工作运动的纪念日。每年的今天各国的工人都继续不断地作这个示威运动。一面庆祝以往的成功，一面训练自己的队伍，预备参加将来的革命。这一个节日已成了全世界无产阶级的普遍节日。

在今天，在这个胜利纪念的今天，我们中国的工人有特别的意义。他们的工作时间多在十二小时以上，他们有许多受了经济的压迫为洋资本家作工，他们低首下心战战兢兢的工作还要受外人牛马般的虐待，他们的工资还要受戴着慈善的假面具的资本家借着储金等等的美名来剥削来克扣。在这个资本家发抖的日子，我们中国受着重重压迫的苦工人应当集合起来对着本国的资产阶级作一个严重的示威，同时应当表示与全世界的无产阶级联合，作打倒国际资本帝国主义的大运动。

在今天，在这个胜利纪念的今天，我们中国青年工人尤其有更重大的意义。我们中国的青年工人从来很少有人注意，很少有人详细调查他们的数目，很少有人注意到他们的痛苦；他们自己因为年龄太小，知识低下，没有争斗的勇气，没有团结的能力，没有自己组织起来的本领，虽然受了许多非人所能堪十百倍于成年工人的痛苦仍然说不出口，不能有坚固的组织，用有效力的方法，实行为自身利益的争斗。在这个神圣的五一节日，我们对于最痛苦的青年工人（童工）的痛苦与要求值得作一个重大的注意。

中国无产阶级生育的能力没有限制的方法，一个工人总不免有几个小孩，中国工人的工资都是极低下的，夫妇两人的收入仅仅够自己的生活。维持小孩的生命已是十分的困难，更说不上什么教育。到了八九岁叫他做小生意又没有本钱，并且收入是很难一定的，只有把他送入工厂当学徒，作苦工、替厂主与包头人作小奴隶。这是童工的一种来源。还有一种童工是由万恶的包工头从乡村里雇来的。他们的父母是贫苦的农人，或者是替地主作苦役的长年苦工，他们终岁劳苦，除了自己吃饭以外，至多只得十来块钱的工资，甚至没有工资。他们的小孩当然不能养活。到了七八岁就送去当“放牛娃”，只有粗糙的食物维持生活，多半是没有一个钱的。这一批凶恶而戴着慈善假善假面的“包头人”，用甜言蜜语引诱小孩的父母，只说替小孩在城里谋事，每月给他们的父母以一二元的代价。本来一个钱不能挣的小孩骤然每月可得一二块雪白的大洋，他们的受经济压迫的穷苦父母那有不欢喜的，向着这些包藏祸心的“包头人”千恳万求，说许多好话，求他们把活泼天真的小孩一个个送入地狱。这些外受美名，心怀残忍的“包头人”把七八岁筋骨未充的幼童带到城里，送入工厂，“包头人”每月可向厂主领四五元，拿一二元给他们的父母，剩下的一半就入了自己的私囊。这些可怜的童工身体精神受许多损伤，仅仅替“包头人”作了牛马。这是童工的另一种来源。

这些可怜的青年工人做工的情形是怎样呢？他们都是作的最苦最零碎的工，或者还要替厂主，包头人作个人的服务。每天工作的时间至少也要到十二个钟头，甚至于到十五个钟头或十八个钟头。他们身躯矮小，只能站着作工。那种苦况，简直无法形容。还有当学徒的简直没有工钱，即有也不过每天得两角钱。他们的住处总是许多人挤在一起，仅有容身之地，什么卫生根本就说不上。伙食要是由厂内供给也就同喂猪一样。饭倒在石槽里，围着乱抢，早餐大概只有白饭，连菜都没有，晚餐算是资本家开恩，特赏清水白菜汤一大碗。有些工厂不供饭，只给伙食钱，每顿也不过几个铜子，可以买几个粗糙的窝窝头把小肚皮塞满。他们多半没有钱买衣裤，赤身露体的站着替资本家作服役的小奴隶。

这是普遍的情形，现在我们专来注意最近发生的关于上海童工的大问题。

上海的工厂比较别处为多，雇佣童工的也不少，但从来无法作详细的调查，就去调查也无法得其真相。最近洋资本家的上海工部局把上海市分为十区，用洋大人的权威才调查出雇佣童工的工厂大大小小共有二百七十五个：童工总数共有十七万三千二百七十二人，里面含有十六岁以下的青年工人四万四千七百四十一人，十六岁以下的青年女工十万零五千九百二十一人；十二岁以下的男童工四千四百七十五人，十二岁以下的女童工一万八千一百三十五人。在上海一隅就有了这样大的数目是很可惊人的一件事。假仁假义的洋资本家调查出真相，不惟不想方法解决，反拟了一个欺骗童工实行更多的侵略的所谓“保护童工条例”，在四月十五日上海外人纳税会讨论了就公布。

这个条例除了一些不关痛痒的话而外，几个要点大概如下：

（一）十四岁以下的童工仍照惯例每天作十二小时的工；

（二）每两周才有二十四小时的休息；

（三）不禁止童工作夜工。

成年工人每天只能作八小时的工，每天都要有八小时的休息，十四岁以下的童工每天还要作十二小时的工，每两周才能休息一天，这不是笑话吗？不禁止童工做夜工，对于童工身体大有戕贼，不是要置中国可怜的小同胞于死地吗？这个条例何尝是保护童工，简直是保护资本家，使资本家的残酷行为经过法律的承认，变作确定的条例，使资本家更明目张胆地来掠夺我们的青年同胞们。

因此，中国共产主义青年团，特地代表中国无产阶级青年反对这个欺骗童工的条例，提出最低限度的要求：

（一）禁止使用十三岁以下的童工，由工部局或厂主出钱开办平民学校，并供给童工的教养费用。

（二）十六岁以下的童工，每天至多工作八小时，绝对禁止使用童工做夜工。

（三）不得使用童工做一切笨重和危险的工作。

（四）十六岁以下的童工，每星期至少须有继续三十六小时以上的休息，不得克扣工钱。

（五）青年工人与成年工人做同等工作者，须得同样报酬。

（六）厂主应出钱开办平民学校，准童工入校读书。

（七）由厂主和工会代表或童工代表，合组“监察委员会”，督促各工厂施行上例各项保护童工条件。

无产阶级的青年们！关心无产阶级与无产阶级息息相关的大多数平民，在今天，在胜利纪念日的今天，我们应当联合起来，对于上面代表无产青年利益的最低限度要求一致赞助，促工部局承认，使上海十七万的童工脱离苦海。

同时全国无产阶级的青年应当团结起来，实行争斗，提出下列的口号。

（一）青年工人工作六小时。

（二）青年工人与成年工人享受同等待遇，同等工资。

（三）废除幼年童工。

（四）工厂厂主应出资办平民学校，许青年工人受义务教育。

（五）缩短学徒期限，学徒不为师傅个人服务。

最后，无产阶级的青年联合高呼五一节胜利万岁！

全世界无产阶级联合起来！

（原载《京报副刊》第135号“五一”特刊，署名：识因）

汉冶萍煤矿工人突遭压迫

（一九二五年九月三十日）

帝国主义者屠杀惨案未了，军阀与资产阶级对于工人之压迫与屠杀事件，在两月以来，又层见叠出；中国工人阶级一方面孤军战斗，一方面又辛苦万状愈受痛苦——这诚然是一个新的时期，快要决定中国工人运动之厄运，同时亦将决定中国民族革命之命运。广州事件之严重，要看把反革命的势力，能否完全肃清为转移。全国工人之厄运，也要看劳动阶级能否更加严密的团结，森严壁垒以作战斗。这两者的关键，都关系于目前新的历史时期，从五卅运动发展到现在的民族革命运动之前途。

开滦煤矿的大罢工才过去一星期，汉冶萍的安源煤矿工人又遭压迫了。一星期前开滦赵各庄煤矿罢工事件的结果是：奉军强迫工人屈服于英人矿主之下，无条件的上工，并捕去工人领袖十余人，施以毒打，又占据工会会所，声称“奉段大总统与张上将军令，工会不得设立”。这次汉冶萍安源煤矿事件，则起于：（一）工人要求发给四月的欠薪，公司不给，反诬工人怠工；（二）公司方面疾恨工人俱乐部如死敌，屡欲加以压迫而不得逞。最近公司总经理盛思颐至安源，携有款项，工人要求发给所欠工资，结果只发一月，而盛氏以矿警、赣军及湘军三方合同之武力，突然占据工人俱乐部，抢去俱乐部之什物文件，捕去俱乐部职员数十人，又枪杀拥护俱乐部之工人八名。同时，又开除工人一千余名，不与发薪，武装强迫离矿。此外工人受伤与逃亡者不知其数。但此次萍矿事件，并未经过罢工；资产阶级与军阀纯全用的是政治压力，与天津纱厂主联合会及开滦之英比矿务局，雇用李景林（纱厂主送李五千元，英矿主送四万元）的事件，前后一辙。

最值得我们纪念的是：安源煤矿工人俱乐部，本是全国工人的模范组织；举凡工人子弟教育与消费协作等事，都办理得十分完整。同时也因为有这个事实；故当全国工人被攻之时，安源的组织也不免一毁。我们记得在郑州天津罢工事发生时，有一般小资产阶级的学者，方诧异于为何工人要“对内”罢工，因而在一些报纸上，发了些什么“爱国运动与劳动运动”的牢骚，而认为：“惑疑”。现在萍矿的事又发生了，劳苦的工人阶级一定要向那般小资产阶级的自由论者说：“请你们来看看我们的实况，并仔细考察罢工的原因。工人只有阶级，没有‘对内’‘对外’。罢工诚然是一件不得已的事啊！”

公司经理盛氏到安源后，日与铁路局长打麻雀，以一千元为底，随身带中法英日秘书及翻译女奴多至百余人，一举一动皆有数十婢女为之殷勤；但对于工人的欠薪则不发，并调重兵自卫，日与路局谋所以对付工人，卒以用武力压迫。这是“举国一致对外”之时的资本家的行动啊！

中国工人阶级一定要在此时自己决定其命运，决定其经济的战斗，同时亦决定其政治的战斗！

（原载《政治生活》第53期，署名：炎）

上海总工会被封事件

（一九二五年九月三十日）

九月十八日上海总工会被封以后，帝国主义者与军阀两方面都有了新的企图；这种企图对于中国被压迫民族，尤其是新兴的工人阶级，进攻将愈更利害。由五卅运动发展到现在的民族运动，结果是压迫中国民族的帝国主义与其走狗军阀得了胜利。这个胜利由青岛天津的屠杀，上海的戒严与工学商联合会遭压迫时而酝酿，直到现在上海总工会之被封而完成。从此以后，帝国主义者与军阀将为所欲为；在现在可以预知的大事件便是：沪案重查，关税会议，以及段祺瑞的所谓国民会议。

五卅运动如果不发展成为民族革命运动，自然只会有帝国主义与军阀之反动的胜利，而没有民众的胜利。民众胜利的条件要建筑在：一方面占大多数的工农阶级为战斗之先锋与领导；

另一方面小资产阶级的爱国群众（学生与商人）极力拥护战斗的基础且以实力参加。这是半殖民地的中国民族反抗帝国主义之最简易的形式。所以在这种战斗形式最初兴起的时候，帝国主义者非常的恐怖，军阀也不得不有所畏惧。

张作霖正当入关至天津欲改组政府预备战争之时而五卅事件爆发，只得以扩充地盘为结局而归。这时候爱国与对外的空气也笼罩了军阀，所以张学良公然赠送上海受伤的工人与学生二千元，嗣后段祺瑞以政府名义，也汇款接济罢工工人。在这时候，上海民众团体林立，不闻受压迫；上海总工会的权力伟大，军阀不敢干涉，亦不敢否认。

现在上海总工会被封了。这个被封的原因自然有许多政治的主要压力，关系于帝国主义应付中国民族运动的策略，亦关系于军阀压迫民众之实际趋势。但是溃散在民众行列里的破绽，因民族运动而起之阶级分化，在上海总工会被封以前，就表现得很多了。上海总商会一不加入工商学联合会，二不照工商学联的十七条件而自提抛弃民族利益及工人利益的十三条，三不履行排货与接济罢工的宣言。在上海方面，自从日纱厂谈判开始后，工人阶级已经是孤军独战了。北京学生群众，本可依据历史地位与团结实力而为有力的政治发言，但是一部分小资产阶级的反革命派，因畏惧革命性的政治主张而将学生群众分裂起来，北京的学生运动至今还没统一，为段祺瑞、朱深所轻视，为章士钊、刘伯昭所讥笑，上海及各地派来求援的代表均无结果而归，工商学大联合的组织亦不得成立。这仅是两个主要的例证。上海工人之孤军独战以至现时上海总工会之被封，并不是突然而来的，而是一些积渐的事实，总合外部的压迫，内部的溃散以至阶级之分化的必然结果。几月以来，媚外军阀直接屠杀或压迫工人（如青岛、天津纱厂，上海全部，开滦煤矿及最近之汉冶萍煤矿）；工业资产阶级破坏工人组织，利用工贼杀害工人，捣毁工会（如河南郑州与上海）；商业资产阶级妥协而奸滑（如上海总商会），一般奸商私运偷买，甚至以罢市要挟（如山西太原）；学生群众亦溃散团结不力（如北京）。这许多事实便是自五卅惨案后的积渐事实，其中包含的主要动因是阶级之分化，而同时即埋伏了帝国主义、军阀、大资产阶级之进攻策略，与他们现在的反动胜利局面。

但是革命的工人及一切革命民众应当知道，这个胜利局面关系中国革命问题固是十分重要的，但其最重要之点还在革命的工人阶级及一切革命民众如何认识这个局面，从严重的压迫形式里找出帝国主义者及反革命派的趋势，从革命的战斗经验与实际政治里找出此后的策略。中国工人阶级与革命的民众现在也有一个新时期，这个时期就受胎于反动势力扩张，白色反革命恐怖弥漫之时。上海总工会被封事件，使全国工人阶级一面愈更觉悟，一面回忆几个月来的经验，而准备新的奋斗。新的奋斗之战线，将进到壁垒森严的阶级战线上来。必须如此，工人阶级才能更进一步领导民族革命运动。必须如此，中国的民族革命运动才不致为反动所震慑，为妥协派所背叛，而得到世界无产阶级的援助。小资产阶级的商人群众与革命的学生群众，也必须在这个新奋斗旗帜下，共同努力于民族革命解放运动。从五卅运动以来，中国工人阶级所得的经验不是别的，就是觉悟到国民革命的反帝国主义运动，本是被压迫阶级反抗帝国主义的阶级斗争；而在国民革命之内部，无产阶级对于资产阶级之阶级争斗，也是必然不可避免的事实。从五卅以来中国工人阶级所忍受的是：屠杀、逮捕、饥饿，及一切虐待。所以工人要求各种被压迫民众一同反抗帝国主义，要求军阀不要媚外屠杀工人，要求各界人民救济罢工，要求工会之法律的承认。但这些要求都不遂，军阀之压迫只有变本加厉，工人阶级到最后只有尽力之所能，对于这些要求用自力夺取了。我们相信工人阶级举行经济争斗及猛烈的为政治利益而战之时，即革命成熟之日。现在正是这个新时代的开始，全国工人阶级由上海总工会被封事件觉悟起来。中国工人愈经战斗，力量亦愈雄厚；从香港海员罢工事件及京汉铁路工人“二七”之役，以至现在之五卅运动，从局部的发展以至于全部的，压迫愈大，政治的变更愈猛，阶级的分化愈速，都是促成工人运动愈发展之客观条件。因此而全国工人阶级不仅认上海总工会之被封为一单纯事件，其历史的意义与实际的环境，很迫切的号召出广大的劳动群众，立刻走新的奋斗局面，而在壁垒森严的阶级战线上团结，而且战斗！

上海总工会被封后的两星期以来，只有工人阶级自己的政党共产党与各地工会提出抗议，及革命的学生团体向段祺瑞严重质问与要求。别的人，都不闻声息。上海商业资产阶级的代表人物虞和德说：“封闭上海总工会不合时机。”这句话并不是圆滑，而是表现出资产阶级对于军阀执行帝国主义命令之行为，一面表示满意，一面又表示对于革命的工人阶级之恐怖。工业的资产阶级如穆藕初等，自然是欢天喜地，要歌颂段祺瑞与张作霖之功德了。进步的小资产阶级急进派，到此时只有叹惜，不敢发言，似乎还想徘徊歧路。然而反革命的小资产阶级反动派，从此后正是得所趋向，愈更反动，正式受军阀与资产阶级之雇用了。

中国社会阶级表现之清晰如此，帝国主义者与军阀之侵略与压迫正未已，像这样的客观政治与社会条件，怎样能够不使中国工人阶级从八小时工作制的经济要求，立刻过渡到撤退外国军队的政治要求，又从组织工会的团结，立刻过渡到对压迫工会团结的统治者之阶级争斗？英日帝国主义者，奉天军阀、北京段政府，现在联合起来催促中国的国民革命，尤催促中国工人阶级运动之发展，这是很可乐观的事！

（原载《政治生活》第 53 期，署名：士炎）

军阀战争之序幕

（一九二五年十月二十一日）

江浙的战争开始，军阀又一次的战争已经开幕了。最近江浙动兵的形势，绝不只是江浙问题，而决然的是全国的内乱之序幕。

帝国主义的工具，反动军阀的势力，现在还统治中国，内乱形式的战争本不可免，而且必要的。在革命的民众方面的问题只是：是不是能使战争成为革命与反革命之战，是不是能使许多次的内乱，到了现在变成革命性的内乱——最后一次的内乱？

但这个时机还没成熟。这一次的内乱在形势上主要的仍然是军阀之战争。这一次内战所异于前内乱的，只在于：（一）前几次的内乱由于帝国主义者各自扶助一派的军阀，举行为帝国主义统治利益的战争；而这一次的内乱，将是许多派别的军阀势力，联合对于目前最大的帝国主义工具——奉系军阀之攻击；（二）前几次的内乱，民众行动完全受战争的束缚，而这一次的战争，因为最近国民革命运动发展的结果，有一部分的武力倾向与民众之结合，将表现民众的力量。所以在结局上看来，目前战争的局面，比较前几次的内容为复杂。这种复杂的内容，在革命的进程上看来，是进步的。这种进步，是民众运动发展的效果。

民众运动发展的效果，在扰乱的时局中，在军阀统治的政局之下，可以促成军阀政局之崩溃，可以使军阀战争的形式虽复杂而目标能集中。民众运动的本身，也必须要经过各种战争的磨练才能成为革命战争的能力。所以这次内乱的性质，在形势上主要的虽仍然是军阀之战争，但实质上包含了民众的势力。这一次战争的结局，无论是哪一方的胜利并不是主要的问题；革命的主要问题乃是，在这一次战争后，民众是否能有所得？民众革命的势力，是不是愈以发展，愈以进步？

“五卅”以来发展的国民革命运动，不仅没有消沉，而且表现有组织的群众（工人阶级）之勇于战斗，国民革命运动已有了基础，有了中心，有了领导的群众。“五卅”以来发展的反帝国主义运动，其结局早就可以料定是一场内乱，一次的战争，并不是中国对任何国宣战的问题，而是民众蓄积力量，先扑灭帝国主义在中国的工具，打倒帝国主义势力的问题。现在这个战争已经来了，开始了！

站在奉系军阀与反动的北京政府之后面的目前自然是英日

帝国主义者。英日帝国主义已成为四个月来中国民众合力攻击的目标，奉系军阀也同样的在最近几月来为遍于全国的民众所痛恨。在战争开幕之时，目前在江浙发难的直系残余之军阀，其背面的美国帝国主义的关系，亦若隐若现。但是民众并不畏惧这个。民众并不是怎样参加军阀战争，而是在战争中要采取民众自身的积极行动。对于任何派的帝国主义与军阀之行动，都当严防，如防大盗。革命的民众在目前所奋斗的，是为民众政权的奋斗！

上海的工人应该立刻起来要求恢复工会，全国人民应该立刻起来要求各种的自由。民众监督军阀的战争，要以民众的力量来确定这次战争的性质，使战争目标的集中，准对着帝国主义工具残暴恶毒的奉系军阀。反对奉系军阀的战争，应当是目前为中国民族争自由独立战争的切实工作。

民众政权的争斗，要从此更激烈，更勇猛！

准备着未来的政府，让他成为人民的政府——对外废除不平等条约，对内给与人民的一切自由！

（原载《政治生活》第55期，署名：士炎）

为民众政权而战

（一九二五年十二月十日）

从奉系军阀内部之瓦解，我们已可以预测反奉战争之胜利了。在反奉战争胜利的局面中，我们高呼要争取民众的自由，革命的民众必须为民众政权而战斗。共产主义者（工人阶级反对资本主义的战士，被压迫民族反抗帝国主义与军阀的前锋）绝不隐蔽自己的政见，绝不是故意的“卑之无甚高论”：在此时要求革命民众的政权，要求国民革命的政府，正是切合于事实的。我们但看：从北京民众推倒段政府的呼声而波及于全国的各地运动，全都是为民众政权而战！

在北京民众推倒段政府运动之第二日，上海亦有同样的运动发生，以争人民自由，宣布关税自主，推倒段政府，及拥护北京“国民行政委员会”为要求。我们亦曾记得，在北京的国民大会中，曾有组织国民革命委员会的决议。为什么革命的“国民委员会”这个观念，成为上海北京等地苦战奋斗民众之共同呼声呢？同时，一般新闻记者与政论者为什么现在突然讨论所谓“委员制”呢？又在同时，为什么东交民巷的帝国主义者代表致恫吓于中国官僚谓委员制即为赤化呢？

正是那般帝国主义者与军阀官僚所恐怖而不要的，偏是革命的民众所主张而需要的。自辛亥革命未成之局以来，自“五卅”运动民众革命潮流高涨以来，一切革命势力的奋斗，俱为争取民众政权。反奉战争的结局，绝不会如前几次内战之结局一样，客观的这次的局面是：一方面表示军阀之末运，使恶劣的军阀，殡送喋血牺牲的革命战士入于坟墓；而在另一方面，就开始民众对于各派武力为政权之争斗。

一个军队或一派武力，同时就是一个政治团体，在中国的现状里，这是一件事实，我们早已指明了。但是正当各派武力暗中经营布置政局之时，他们却口说军人不干政，或谓军事尚未结果，政治一以民意为归。这个骗局在目前革命民众监视之下，万难掩饰，亦万难成就。长江流域的武力目下已因政客谋士的影响而表示其政治主张了，北方的国民第一军现在以北京政府为空城，把军事问题置诸政治问题之前，表面隐藏自己的政治意见。民众在此时应当了解这种政治现象的原因。反奉战争的武力本不是纯然的革命武力，至多亦只受民众的影响而迫于战斗。革命的权能尚不在有组织的民众之手，革命的政权自然一时不能为民众所得。

民众此时的责任是要更加紧自己的团结，举行更广大的运动，时时提出政治的目标，不断的为争自由，争民众政权，争民族解放而战斗。

（原载《政治生活》第 60 期，署名：士炎）

歼灭奉系军阀之目的

（一九二五年十二月十日）

这一次反奉的政治工作，完全由革命的民众自己作成。在国内，除民众自己的势力外，没有革命的势力；广东的革命军队是依据民众的意志而组织；北方及中原的国民军是因民众势力而得有影响；长江流域的军阀因民众集中对于奉系的怨恨，而得反奉胜利的便利。在国内，除民众自己的呼声外，亦没有所谓的“舆论”；当奉系军阀暴戾恣睢之时，除最少数外，社会的报纸没有共同的认识，只当奉系垂败之际，各种报纸以时间以地域而改变其态度；张作霖、张宗昌及李景林平日之暴政残民，是不见有翔实之记载的，而当张作霖既败之后，像自称为社会的报纸之《北京晨报》，才公然敢大书“中国第一恶军阀张作霖”。

张作霖之所以为恶军阀，在“执笔为舆论者”有共同的认识么？连带的问题便是：打倒奉系军阀之目的何在？革命的民众现在只有从行动上来表示与解答这个问题。而且因为组织尚不集中之故，不符集中的意见无从表露，还让普通的政治议论隐晦了革命群众自己的政治目标。现在，除民众团体自己的传单与报纸外，我们不曾见“执笔为舆论者”自动写出的：推倒段政府，建立国民革命政府，召集真正的国民会议。

反奉战争的工作将抵于成，但反奉战争之目的，反加隐晦起来；因此而至于在同时帝国主义者之宣传与恫吓得有所乘。尤以日本帝国主义者善于应变，在此时，他们努力应付转变革命民众反对奉系军阀之目的。

革命民众欲歼灭奉系军阀之目的有二：（一）歼灭奉系军阀之本身，促成军阀之末运，以至于完全消灭军阀政治；（二）同时即为驱逐奉系军阀所赖以生存的日本帝国主义于东三省之外。日本帝国主义正是五卅惨案之肇祸者。在满洲经济势力之深入与利权厚大，正是日本帝国主义所以扶掖张作霖为恶原因之所在。但是目下日本帝国主义者已惶恐于满洲经济利益之丧失了。他们开始说并不拘执成见，无论是张作霖也好，郭松龄也好，纯以“帝国在满洲之利益”为依归。他们一面与张作霖杨宇霆王永江订立更甚于二十一条的条约；一面公开的发布对于东三省事件的八项处置大纲；一面又派舰队由旅顺出动，出兵至满洲者已有万人，易中国军服，称为东三省的宪兵；又一面由日本帝国主义在北京的机关报纸顺天时报宣传说：“日人中因与张氏之交谊及其他诸种之关系，固亦有奔走划策欲维持其地位者，然因此即谓日本国民援张云云，亦为谬误……”——这都是日本帝国主义者自己公然承认的。

中国国民并不曾说“日本国民援张”，并深知这只是日本帝国主义政府的政策，为日本国民所反对，且为日本亦须革命之根源。但中国国民不能忽视日本帝国主义者的策略，更不能放弃只歼灭奉系军阀，而忘却此军阀所赖以扶掖长成的日本帝国主义。顺天时报又说：“惟所希望者，不过日本年来根据公理而获得之既得现存之权利及地位，不可因此次郭张争斗之余波而殃及池鱼也”！这正是发抖的话！又说：“且此不仅仅存诸希望，亦正在严正注意之中也”！这样的话虽是恐吓，却亦是自白的谵语。为日本帝国主义之不幸的，正因为这种事件亦在中国革命的民众所严正注意之中。

在目前的紧急政治工作里，革命的民众认识奉系军阀尚未完全歼灭，故必集中一切力量以完成此种工作。依赖奉系军阀为工具之日本帝国主义，不出于强硬态度的阴谋扶助奉系，即将奸滑的转向别方而冀得达到所谓“维持满洲利权”之目的。但是反奉战争并不只于是反军阀的战争，同时亦是反帝国主义的战争；反奉战争以后的问题，全部的是国民革命的进一步的问题。召集真正国民会议之呼声，不是与废除不平等条约之呼声同时么？日本帝国主义者亦尝盗窃革命的标语，谓中国军阀不过自掘墓穴以葬其身，但当帝国主义者说这种话的时候，我们又可怜他们尚不进一步了解：当军阀灭亡时，帝国主义者也是殉葬人了！

（原载《政治生活》第60期，署名：乐生）

从广州到满洲里

（一九二五年十二月十七日）

反奉战争之结局，在中国国民革命运动的历史时期之意义上，是“从广州到满洲里”的形式的，同时也是实质的、民众革命统一战线之组成。

广州被称为赤化，但是帝国主义者与反革命派均不能否认以广州为民族革命大本营之种种革命的政治设施的成功。从满洲里以南，大块的东三省版图，被日本帝国主义及其所扶植的奉系军系，蹂躏至于不堪；再由直鲁到江浙，暴厉恣睢的军阀虐政，逐处可见。民众运动受帝国主义者的破坏，受军阀的摧残，喋血牺牲，由许多次的，以至于最大最后一次的“五卅”运动。但当军阀正高唱凯歌，向帝国主义献俘虏之时，民众反对军阀的全国战线就组成了，在反奉战争里，大多数的民众都有了自己的意见——同意于消灭奉系以至于消灭一切军阀。只有一般小资产阶级自由派，有意的或无意的，同时也看不出民众的意志，只拿军阀循环战争之说，成为死的公式，错认民众号召的反奉战争，为信赖于军阀攻军阀。现在的结局告诉的是这样：军阀欺骗不了民众，反奉胜利是一件事实，民众现在的需要，是“从广州到满洲里”的更广大的革命运动。

中国国民革命成熟时期的条件将是这样：一方面，帝国主义者与军阀的势力已经崩溃，帝国主义者或军阀的前线已经破坏；而另一方面，国民革命的统一的集中的广大的战线已组成。

现在离这个时期是不远了。

从广州到满洲里，全国的民众都要立刻起来，争自由，争政治主张，把每一个政治意见，表示到一件政治的行动上；把铁一般的组织建立起来；把革命的势力发展到广大无穷；拥护一切革命的政党；集中所有的势力到革命行动上去。从广州到满洲里，纵横网罗的把革命势力布置起来。

赶走帝国主义者，不要军阀与官僚，政府是人民的。

（原载《政治生活》第 61 期，署名：士炎）

日本帝国主义之狂暴

（一九二五年十二月三十日）

日本帝国主义的政府，派兵侵占南满，并公然移其所谓关东司令部至沈阳，直接援助张作霖，使得到对于郭松龄的战争胜利，使垂败的军阀成为死灰复燃。日本的政府公然如此以兵力与枪械及策略，在中国的内地作战，日本帝国主义之狂暴竟至于此极！

反对万恶军阀张作霖的，并不是孙传芳冯玉祥郭松龄等几个人，而是全中国争自由争民族独立之民众。日本帝国主义者进兵至南满，扶植张作霖作恶，便算是对中国的国民宣战。从日本帝国主义侵略中国的自身历史看来，这要算最严重最狂暴的一次。从中国受列强帝国主义之侵略与压迫的历史看来，这也算是最严重最狂暴的一次。日本进兵南满与合同张作霖打郭松龄的事件，比起庚子八国联军之役，有过无不及，因为这是正当国民革命运动高涨时，在举国民众一致反奉的眼前，日本帝国主义公然挺身而出有此动作！日本帝国主义者好狂暴啊！

郭松龄之战败或死，在中国革命的民众面前只有这样的一个问题与答复：我们愿望日本帝国主义在东三省的侵略，应当因郭松龄之反戈而至消灭；日本帝国主义者至少在东三省应当比郭松龄早死！但近日日本帝国主义的电信机关，已眉飞色舞的传播郭松龄的死信了。日本帝国主义者好狂暴啊！

目下天津的战事已告结束，这种结束在革命民众的观察并未乐观。从天津战争里，民众已看出日本帝国主义者公然援助李景林的事实。天津战争结束的迟缓，便是日本帝国主义者作祟。在同时，日本政府便布置好了东三省内的军事局面。李景林虽败，国民军虽得占有天津，但是奉天军事变化的结果，便是天津战事的延长。日本帝国主义者延长了中国的战争，直接的，公开的，扶助了全国民众所一致反对攻击的恶军阀张作霖。五卅惨案闯下了大祸的日本帝国主义者，经过一次广大的全国的民众运动，还这样的穷凶恶极，在中国的境内狂暴横行！全国的民众应在此时立刻起来，一致的猛力的攻击日本帝国主义！

“日本帝国主义者从满洲滚开去！”

全国的民众在此时应当一致的动员，高呼这个口号；应当监视日本帝国主义者一切的行动，监视他们一切的机关；应当赞助能消灭张作霖，同时既能消灭日本帝国主义在东三省势力的任何军队；应当催促反奉战争的最后的完全的胜利。

日本帝国主义之狂暴不仅为维持恶军阀张作霖，并且为维持北京垂死的段政府。维持垂死的段政府之责任者本是现在的实力派，这种维持办法正投合了日本帝国主义之愿望。现在的实力派，反奉的各派武力，如果不以彻底反奉为目的，又干涉民众运动的自由，便投合了日本帝国主义之愿望。但因为有日本帝国主义之狂暴，在中国的革命民众面前，此时更可以鉴别一般实力派一切的政治与军事行动，是违反国家利益与民众利益的，抑或是拥护国家利益与民众利益的。又因为有日本帝国主义之狂暴，在革命的民众面前，此时更得判断日本帝国主义之命运；因为这种狂暴的表现，要成为日本帝国主义死灭的预告了！

（原载《政治生活》第62期，署名：罗敬）

民族革命的全国战线

（一九二五年十二月三十日）

当国际帝国主义者压迫一次中国的民族运动（如“五卅”事件），与国内军阀举行一次内乱的战争（如反奉战争）以后，我们便要提到民族革命的时期成熟问题。我们提起这个问题，是根据于列宁主义，根据于无产阶级革命的民族革命问题之理论与实际。具体的说，我们要讨论民族革命成熟时期的条件。我们怎样根据列宁主义呢？

列宁说：无产阶级革命，是世界的帝国主义制度内，各种矛盾冲突的发展之结果，无产阶级革命首先爆发于某一国，不过是世界帝国主义的战线，首先在一国破裂罢了，不过是世界无产阶级革命的战线，首先在一国建筑起来罢了。

同样的理论与实际辩证到民族革命。所以我们以为，中国民族革命成熟时期的条件将是这样：一方面帝国主义与军阀的势力崩溃，其前线破裂；而另一方面，民族革命的全国战线，能够统一的集中的建筑起来，组织完成。

我们现在要求民族革命的全国战线，然后才敢相信民族革命成熟时期的不远。

我们不应当惑疑现在政局之紊乱与迟缓；反之，这种紊乱的现象正表示旧政府的末运，而民族革命的新政治战线尚未建筑起来，正是迟缓的原因。革命是最大多数的、普遍的、统一的、集中的民众所组织之动作。民族主义的革命当然要从帝国主义锁链最脆弱的地方破围而出，从国内军阀官僚最弱的时期，开始爆发。但在这里要先有革命的雄厚群众势力之浩大集合。目前革命的实际问题，应当是追寻这条大道而工作。

京津战争时，国民军军力之不集中与迟缓，并不是一件奇异的现象，而重要的事实乃在于日本帝国主义尚扶持李景林，及结果国民军得农民之援助而获胜。郭松龄现在尚未能驱走张作霖亦不是不可解的事，日本之进兵满洲引起民众对于日本帝国主义更进一步的认识，却是有大意义的。吴佩孚与李景林、张宗昌之联络，及长江流域军阀之变化，就是无足怪的，在他们只表演些直奉两系的悲欢离合，在革命势力下愈入于末路。至于北京城内的组阁补阁或摄阁，更无关于大体；那只是所谓实力派在革命民众前表现其政治性质而已。

在革命民众之前，目击与身受的严重事实问题乃是：日本对于满洲的野心；列强对于沪案的混骗，与挟抗关税会议的抵赖行为；上海总工会尚未恢复，孙传芳对江浙的民众格杀勿论；

萧耀南压迫武汉的市民；北京鹿钟麟依冯玉祥禁止民众运动——这是民众自己的事，这是关系于革命要讨论的每日的问题。民众的势力要从这些问题里发展出来，民族革命的全国战线，要建筑在这些问题上。

帝国主义是资本主义走到步法错乱的现象，也就是社会主义革命之前夕，这是列宁告诉我们的；依目前混乱的政局，我们就要振作预备于中国民族革命之前夕里了。

（原载《政治生活》第62期，署名：士炎）

庆祝北京天津总工会成立

（一九二六年一月六日）

在1926年的第一天就有值得我们特别注意的两件事：一是北京总工会正式成立，一是天津总工会重新恢复。两地都在这一天举行盛大的集会，会员及来宾极为拥挤。他们通过了重要的决议和宣言，接受了各界的欢颂与劝勉。两地的总工会都是从万难中挣扎、奋斗出来，到现在才得到自由集会的结果的，真是痛定思痛，益发感觉到工会组织的必要和可贵了。

北京总工会筹备了好久，但是因为资本家的多方摧残和段祺瑞的极端压迫，以及工贼反动派的破坏、挑拨，总工会的分子只有在重重包围之中，采取步步为营的战略，以与敌人死斗。凡属民众示威的运动，是反抗帝国主义的暴行和军阀官僚的卖国的，总工会的分子都参与其列，而且是在群众的最前线。经过一次争斗，资本家、军阀政府、反动派工贼就发抖一次，他们就联合起来摧残这种新兴的势力，开除活动的工友哪，严禁工友聚会哪，散布工友受人利用的谣言哪，都一齐向工人群众进攻；但是从每一次争斗中，北京工人对于政治的认识与要求，对于团结的必要和发展都得着极显著的进步，在数月来苦战奋斗的历程中，他们终于得到了自由，终于将自己团结起来，做自身利益的奋斗，为国民革命努力的工作。北京工人团结起来了！

天津总工会是富于革命历史的意义的。“五卅”而后他更是天津民众反抗帝国主义的中心。资本家，尤其是外国的，帝国主义者以及帝国主义的走狗，军阀自然是对他深恶痛绝，要得之而甘心。果然在去年秋间天津裕大纱厂日人首先向工人开枪，次之李景林杀死工人数十，最后中国纱厂资本家大赏杀人军警，总工会封闭了，爱国运动团体及民众组织一齐封闭干净了。但是不到几十天工夫，因“五卅”以来民气高涨的缘故，孙传芳乘势而起驱逐人民公敌的奉系军阀于江南，国民军继起，因工农的拥护与帮助攻倒李景林，天津总工会在本年元旦遂正式恢复，重做北方工人运动的中心。

北京天津两总工会在今年的元旦出现于社会了，我们谨以十二分的敬意，贡献庆祝的热忱！

工人阶级在中国民族运动中所占的地位一天高似一天；从1920年香港海员罢工反抗帝国主义开始，继之以1922年京汉路工人争自由的斗争，而遭吴佩孚的惨杀；但是民众已深受影响，反抗帝国主义与军阀的潮流日益普遍，积久以成“五卅”之役，发难的起因为工人问题，抵抗帝国主义的中坚亦为全国工人，参加反奉战争的也是工人最为出力（这次讨李景林，京汉路工人对于国民第二军，京绥路工人对于第一军皆与以莫大的帮助），可以说是要求国民革命最急切的是工人阶级，在国民革命进程中奋斗最勇的也是工人阶级。这次京津总工会的成立和恢复，表面上固然是因为反动势力的失败，工会得自由的发展，但是若没有全国工人阶级及民众的苦战奋斗，反动势力是不会失败的，所以工人阶级所得的自由，不是由于外界的施与，而是全凭工人阶级自己的努力。

京、津总工会的成立与恢复，很明显的指出工人阶级要谋本身的利益及为民族的解放，应该先从政治的斗争下手。因为政治的环境不变，压迫阶级随时随地都可以利用种种优越的政治势力摧残工人阶级，或是将已许给工人阶级的条件一概不肯实行。所以工人阶级的所得完全依赖他在政治方面努力的程度为断。“五卅”而后，中国工人阶级为反抗英日帝国主义在上海与广州有大规模的罢工，但是上海的战线第一次被奉系军阀摧残，封闭总工会；第二次为直系孙传芳摧残，杀害总工会职员刘华同志；广州的呢：因为在工农群众拥护的国民政府之下，现在英帝国主义向罢工群众屈服了。所以工人阶级在今日要解放自己和解放别人都得时时加入政治的斗争，领导民众为解放而战斗！

北京、天津两总工会惟一的任务在坚固、发展自己的组织；教育群众；时时刻刻领导会员从事政治与经济的斗争，而且将自己的主张影响群众，赶快完成国民革命！

北京、天津总工会万岁！

中华全国总工会万岁！

中国工人阶级万岁！

（原载《政治生活》第63期，署名：记者）

政治现状与新的战斗之预备

（一九二六年一月十三日）

自从天津战事结束与倒戈反奉的郭松龄被日本帝国主义杀害之后，全国的政治局面起了一番剧烈的，同时自然也是很混乱的变化。这种变化，一方面是从“五卅”运动与反奉战争以来，因民众革命运动的影响而产生的政治段落，另一方面又开始一个新的时期，革命的民众要立刻预备紧接着的下一次的战斗。

军阀政治的总危机

军阀及官僚政治的总危机是已经来到了。此时全国的政治局面，完全依民众势力发展之结果而变化。许多人或者都浅易的说：现在中国已陷于无政府状况。但是这个“无政府状况”的原因是什么？是军阀与官僚自身所演成，没有民众的革命势力么？我们岂敢相信：帝国主义者不竭力企图重建军阀的政治么？在帝国主义者所恐怖的，却并不是这种“无政府状况”，而是恐怖军阀政治现在的混乱现象，乃由于民众势力之发展。但是无论如何，目前奉、直与国民军——三派武力之各自内部，与其相互的对外关系，所表现出的各种破绽、混乱与不一致，完完全全证明军阀政治的总危机，无可逃避，无可遁迹。

张作霖虽能借日本帝国主义的势力，邀请日本的兵队，在中国内地作战，把他的敌人郭松龄打败了，但是奉系军阀内部之危机仍在。郭松龄虽死，而与郭松龄之反戈有同样性质的势力的可能性，仍然埋伏在奉系内部，丝毫不曾减轻。张作相、吴俊升、阚朝玺等几个余留的势力，有服从张作霖的必然性，亦有乘时反张的必然性。这些必然性要由东三省内部的及全国的政治变化之推进，而后表现或变动。这是奉系军阀势力之内幕。直系军阀的内部从早就破裂了，而现在新的危机亦时时显露。吴佩孚失去其原来作用的原因，便是直系内部变化的结果。吴与孙传芳及肖耀南之冲突，绝对没有避免的可能，所以演成直系内部的长期分裂性，而吴佩孚的活动与作用全失。每一个从吴佩孚所发出之政治提议，甚至得不到直系自己一致的拥护。而在最近以及将来，更进一步的，以至最后的，直系武力的政治生命，却大半要依直系军阀，在其势力区域内，压迫民众运动的结果，反映出来，至于灭亡。

被冯玉祥通电取消名义，而事实上仍存在的“国民军”，是目前中国三角形武力之一，现当政治问题的责任加重于国民军之时，因为国民军原来的政治性之模糊，不能担负这个政治局面，所以也表现许多内部的破绽了。冯玉祥之“下野”，算是完全证明这位“国民军领袖”——中国军阀政局末运中武力领袖之一，不能有政治上的积极作用，是其一。在山东对张宗昌李景林的战事，国民军虽然表面合作，但亦缺乏一致的积极作用，致使奉系军阀的反动势力，还暂时存留在关内重要的区域，是其二。对北京段祺瑞政府的处理，在人民方面绝找不出什么是国民军的一致主张，是其三。人民以国民军易受民众运动的影响，不受任何帝国主义之勾结与指挥，所以屡次表示对于国民军的希望；但是在军阀政治的总危机里，国民军亦不能逃避这种同样的现象，从此愈足证明一切旧有武力的破产。

段政府的死灭

段祺瑞的临时执政府应当从早死灭。但在最近的时期内，段政府之所以存在北京的原故，并不是段政府自身的势力，亦不是别种实力真能为之保障，而是由于：（一）民众的势力虽发展而尚未能走到权力的地位；（二）日本帝国主义指使安福党徒维持段政府；（三）在军阀官僚政客一方面，拿不出共同的政治方案来，可以立刻替代段政府；于是段政府就在这种政治的与社会的条件下喘息了许久。自从去年十一月底北京的民众迫段祺瑞“下野”，接着全国各大地方都举行大示威运动，一致高呼赶走段祺瑞。国民军实力派受民众呼声的压迫，虽欲维持段政府，以便利自己所幻想的含糊的政治步骤，亦不可能。全国各派军阀，对于段政府之或存或留，因为自身危机之各种问题的反应，不仅不能有一致的意见，亦且拿不出具体的主张来。同时一个段祺瑞，去年各派军阀拥护或利用段氏的情形，在今年便不同了。这种不同的情形，是一个进步；但这种进步又绝不是军阀自身的，而是民众势力的，革命运动的影响。所以事实上段政府死灭于革命民众之手。

日本帝国主义在东三省维持张作霖的地位，同时亦在北京维持段祺瑞的地位；在北京执行日本意旨者便是那般安福系的党徒——汤漪、屈映光、陈宧、龚心湛、朱深、章士钊等。但是日本帝国主义的计划能够蹂躏民众势力非常弱小的东三省，而不能操纵在山海关以内自北而南广大的民众运动所影响的政治局面。汤漪、章士钊等在吉兆胡同段宅内，秘密的鬼混经营，其结果不过在民众面前，证明军阀政治总危机时，段政府死灭的命运也随着，而且判定此后段政府或相同的政府之难以再见。所以像另一种恢复法统之说，在民众面前，不过是一个笑话罢了；在军阀末运时，难道法统就可作续命汤么？

法统与国民革命

统治阶级的军阀与政客，当他们在政治末运时，常想出一些奇异的策略，又常用甘言巧语把那些策略发表到民众面前来。当段政府开始倒塌时，实力派急呼维持段政府，而结果在民众方面，从去年十一月底起，直到最近，由北京而上海而开封而汉口而广州，在各省各地齐举行广大的示威运动，一致提出立刻推倒段政府的口号。又当许世英在北京奔走经营组织内阁，从补阁组阁直到摄阁之时，全国的民众却一致高呼的是组织国民政府。又当段祺瑞恋栈不去之时，恢复法统的旧调，从军阀政客嘴里重吐出来，但是民众知道这个骗局；在军阀官僚辈愿意重新叫出黎元洪或曹锟，复活旧国会与日猪仔，而在革命前线上的民众都哈哈大笑，正要迎头痛击这般鬼与怪。

政权终于是人民的；这般鬼怪的这些提议，全是幻想！

现在是国民革命的时代。国民革命无需乎法统，因为“法”是由国民产生，只有继续辛亥革命才是国民惟一的法统。现在的法统论调，不过是军阀官僚欲攫取政权欺骗民众的术语。即使是“临时约法”，现在也谈不到，非国民革命成功无从提到约法问题，因为约法所赋予人民的一切自由，早已被军阀官僚蹂躏无余了。

集中的政治主张与革命力量

现在全国民众的责任，便是要拥护一个集中的革命的政治主张。统治阶级所恐怖的就是国民革命；官僚与政客的本身便是反革命的势力。他们在现政局里，还处处压迫人民的自由。他们想借压迫人民集会结社言论示威等自由的力量，阻止革命势力的发展，同时就可以得到他们自身政治生命的支持，重建统治压迫民众的局面，恢复帝国主义侵略与奴隶中国之旧观。但自“五卅”运动与反奉战争后，国民革命的潮流达于高度，这种企图的可能性已逐渐消灭了。从各城市到各乡村，革命民众的势力现在满布于全国。在目前所需要的，便是全国集中的革命力量与其继续发展。用集中的革命力量，来拥护集中的革命政治主张，这便是国民革命群众，外对帝国主义内对军阀余孽的总战术。

北京的政局现在形式上是残破的旧政治之表现，而实质里便包藏受民众势力压迫的影响；这是实际的政治的与社会的变化之结果，为北京政府各机关支持场面的几个阁员，不仅不能逃避这种影响，而且必须依照这种影响继续变化，直到国民革命的国民政府之建立。以驱逐段祺瑞为职志的几个政府阁员，若不能依照民众在目前所提出的各种政治要求，便是表示其政治立场，仍然是依附于军阀或与军阀妥协的。但是这个依附与妥协局面的成立，又将增加民众更团结与更奋斗的力量了。

共产主义者的政治主张

共产主义者时时预先说明其政治主张。中国共产党的政治宣言时时得到全国民众运动的拥护；每一个由中国共产党提出的口号，在最短时期中便于全国各处听见。工农阶级是革命群众的最大多数，在过去的一切政治战斗里，拥护了自己的阶级的政党——中国共产党的主张。无论帝国主义者与军阀官僚及反革命派怎样的造谣与毁谤，但是工农阶级了解自己的党，大多数的革命群众也完全承认中国共产党在国民革命中的地位。反革命派以“实行共产”的口号恫吓帝国主义者与资产阶级；但是无论哪一阶级的人，在过去所闻见的中国共产党的宣言与政见，每次能发现的，全是列宁主义的原理，与在目前中国国民革命的切实战略。任凭各种反革命派怎样狡猾的宣传，但中国共产党的主张愈得群众的拥护，而国民革命的潮流也愈加高涨了。

中国共产主义者此时的政治主张，要号召全国工农群众与一切被压迫民众，从事目前的各项紧急政治工作。在反奉战争中与段政府苟延残喘的内幕里，日本帝国主义的狂暴行为与各种阴谋，应当继续不断地用各种方法加以攻击。日本帝国主义于杀害郭松龄后，更欲进一步变反奉战争为反国民军及国民党的战线。当北京几个“国民党阁员”欲逼段祺瑞“下野”之时，日本帝国主义指使安福党徒捣乱，并且欲变“段祺瑞下野”为“许世英下野”。日本帝国主义的盗贼政策与偷盗行为，单是国民军幕府里几个人与国民党几个阁员不能应付的；能应付，能答复日本人盗贼行为的，只有民众的革命运动。

民众在目前政治上的要求，就是：人民的一切自由之取得（废除治安警察法等）；劳动法与农民法的颁布；国民会议预备会议的召集，关税会议的停止与宣布关税自主；——民众的势力要从这些要求一直到不平等条约的废除与全国统一的国民政府之建立。

新的战斗之预备

军阀政局既表现其总危机，帝国主义之新的企图又日益显露，这便是民众运动一个新的战斗局面之开始了。我们要立刻加紧预备这个新的战斗。

民众革命的战斗本来继续不竭。但是每一个政治情形的变化——在此时即军阀政治之崩坏，便有一个新的局面，一片新的战场，革命民众在许多旧的与新的口号之下奋斗，才能使革命的目标日益接近，而民众自身的势力亦愈以发展。帝国主义与军阀最恐怖的是民众的势力，所以他们用尽办法来破坏；到破坏的阴谋败露时，他们更明目张胆的与民众宣战。日本帝国主义，奉系军阀与段政府，这个“三位一体”的民众之敌，从五卅运动及反奉战争以来，便是如此表现。但是帝国主义者与军阀及反动政府与民众宣战，正是民众又一次的战斗的时机来到了，亦是革命的工作更推进一步了。全国的民众此时毫无疑义的要继续革命的工作。从组织上的意义说起来民众的革命工作要更扩大、更集中，使革命的观念与行动愈民众化、普遍化。这便是最重要的预备工作。惟有最严密的民众的组织，与最切实的政治要求，才能使革命工作日有成效。“五卅”运动是中国被压迫民众最近时期内的第一次大战斗；反奉战争的号召是第二次；推倒段政府的运动是第三次。在目前新的战斗里，应当要把这三次未完成的工作一齐完成，——必须这些工作目的达到以后，才算展开了国民革命之幕。

（原载《政治生活》第64期，署名：士炎）

上海最近的罢工潮

（一九二六年六月二十三日）

“五卅”周年纪念后，在最近二十天之内，上海发生了四十次的罢工，参加罢工者三万人以上，其详情如下表：

企业	罢工次数或厂数	参加罢工人数	原因	结果
纱厂	七加二加五	15000	资本家的反攻	胜利
丝厂	七加三	8000	经济要求	七厂胜利 三厂失败
烟草	四	1500	经济要求	失败
成衣	一	1000	经济要求	胜利
毛巾	一	250	经济要求	未决
电车	一	250	与水兵冲突	胜利
麻袋	一	2200	经济要求	失败

续表

企业	罢工次数或厂数	参加罢工人数	原因	结果
印刷	三	120	资本家反攻	胜利
金银业	一	35	资本家反攻	未决
药业	一	未详	资本家反攻	未决
外作漆业	一	未详	经济要求	胜利
板箱	一	未详	经济要求	未决
洋服	一	未详	经济要求	未决
合计	四〇	28355		

在以上四十次罢工之中，有六种属于大企业，即：纱厂、丝厂、烟草、电车、麻袋、印刷；七种属于手工业，即：成衣、毛巾、金银业、药业、外作漆业、板箱、洋服。罢工的原因，属于经济的要求者，占十分之六七；属于资本家反攻者，占十分之三四；此外如电车的罢工，系与水兵冲突，则属于特别的原因。罢工的结果，除未决者外，大半是胜利的；尤其是丝厂的女工，其中七厂得到几年来未有的胜利。

为什么上海最近有这样高涨的罢工潮呢？什么是这些罢工的主要的总原因呢？上海的无产阶级与手工业者在近来罢工潮里表现一些什么特点呢？在所有的罢工以后，上海的工人应当得着一些什么教训呢？这都是我们应当研究与说明的问题。上海的淞沪督办、警察厅长，租界帝国主义者的巡捕房、包打听，都不配解决这些问题。上海丝厂资本家所收买的女工贼穆志英，组织了一个什么“女工研究处”，更不配研究或解决这些问题。惟一配解决这些问题的，只有上海工人自己的组织，自己的总司令部——上海总工会。最近二十日内四十次三万人以上的罢工，无一不得到上海总工会的援助。所以在最近上海工人罢工之总现象里，表示上海工人之能继续“五卅”精神而团结奋斗；同时，证明上海总工会确实是工人自己的组织，能够拥护工人的利益。

为什么上海最近有这些高涨的罢工潮呢？因为一方面是工人受不住生活上的痛苦；而另一方面，上海的帝国主义者和资本家，已经度过恐怖的五月，又向工人进攻，所以迫得工人不得不出此一途。上海的工人正当“五卅”周年纪念之后，又值军阀反革命势力嚣张之时，革命的空气十分紧张，所以急谋团结，向资本家宣战，并谋生活的改良。上海所以有这样的工潮，是目前混乱的中国时局，使工人感受生活的困苦，而一般资本家又向工人反攻所造成的。

最近工潮发生的主要原因，详细说来就是由于：

（一）上海的米价高涨（现每石已涨至十七元五角，不久将涨至二十元以上），别种日用品亦日见腾贵，直接使工人的生活入于更困难之境。所以各企业各手工业工人之罢工要求，以经济的要求（即增加工资）为最多。（二）资本家向工人的反攻，更是使工潮直接爆发的原因。近来日人内外棉纱厂甚至组织“法西斯”谋打工人领袖，各手工业主趁端午节时开除工人；又如印刷业主竟因工人纪念“五卅”停工而罚工人的工资至二元之多；烟草公司借口出货不销而减少工作时间，希图少给工钱。（三）“五卅”纪念运动的影响，亦是主要的原因之一。在资本家方面固忌恨工人的势力，忌恨工人在“五卅”周年纪念中所表现的伟大力量，而在工人方面却正由于“五卅”纪念运动的影响，深信自己的团结力量，又适逢帝国主义者与一般资本家之反攻，所以发生最近多种的斗争。（四）组织上的力量与团结运动，在目前工潮中亦是一个重要的原因。上海有组织的工人方谋更坚固的团结，无组织的手工业工人亦纷纷起而作团结运动；但在同时，帝国主义者、资本家、租界的巡捕房、中国的警察厅，都深深忌恨工人的团结而加紧压迫，所以工人之斗争愈加猛烈了。以上这四种都算是主要的原因。这些原因，在女工贼穆志英的“研究处”里是研究不出来的。然而上海的工人，已在这些实际条件之下，开始为自己利益而斗争了。并且照目前的形势看来，这种斗争将继续延长下去。江苏省长公署所谓“取缔罢工”的训令，说什么“效尤成风，实堪痛恨”，“任意要挟，不服调解，亟应严加取缔”，都是“放屁”之谈，丝毫不足以解决现在上海的工潮，他们不过是为保护资本家压迫工人罢了。

上海的无产阶级和手工业者，在近来罢工潮里表现一些什么特点呢？第一、闸北各丝厂女工之兴起，算是在上海的无产阶级运动里，增加了一支生力军。自来各丝厂女工，受资本家和官厅双方的压迫，又受工贼穆志英等的欺骗，生活在十八层地狱里，困苦万状，在去年五卅运动时亦未能积极参加，而这一次才勇敢奋起，开始提出自己的要求了。她们战斗的英勇，秩序的良好，尤可称赞。第二、各业工人对于上海总工会的拥护和信赖，表示上海工人团结的一致和革命的精神，于此次各种罢工里都表现出来。同时，官厅亦不得不服从工人的意见，又明知自己不足以解决工潮，所以只有请邀总工会的代表去解决。丝厂罢工的女工说：“我们没有代表，只有总工会才能代表我们。”丝厂工潮解决后，官厅用巡警和马队来强迫工人上工而工人不理，只等到总工会的代表来演说宣布之后，工人才欣然纷纷回到工厂去。后来资本家与官厅两方面都改变策略，拒见总工会的代表，然而事实上不经总工会之参加者，凡罢工都难以解决。上海的工人确实认识了自己的团结力量，看清了自己的阶级地位，在五卅大运动中是一次证明，这又是一次证明。第三、对于经济要求的条件。关于增加工资一项，各业工人都有各自的要求（此次四十次罢工中，惟电车、金银业、药业未提经济条件）。同时，关于工作时间一项，我们可以看得出来，此次有一种共同的要求。然而这些要求都只限于要求每日早六时上工，晚六时下工，合计还是每日十二小时的工作时间。有一部分才要求午膳休息一小时。凡是明了上海劳动状况的，都知道上海工人不仅是工资少与待遇不良，就是工作时间之长，已经可怕煞人。但现在上海的丝业女工与毛巾工人等还只能作每日工作十二小时的要求。关于这一点，在这次罢工运动，固然是一个小进步，也算是一个特点，然而上海工人还需要奋斗，以求实现“八小时的工作制”。又如这一次丝厂女工胜利条件之一，有“产前产后须休息一月，工资照发”的规定，也算是历来所未有的，但资本家是否真正履行，还要看工人努力团结来监督。

上海工人的经济和政治争斗，既然是继续不断的，在近来的罢工运动各自结束以后，上海的工人应取得些什么教训呢？

这更是我们要注意的重要问题。前面所述上海工人在近来运动中的特点表现，同时也就是我们所应得的教训。但是在这些教训以外，还有更重要的几点：（一）上海工人此时应当明了“罢工的战术”，要知道若不“知己知彼”，便不能“百战百胜”。工人阶级为拥护自己的利益起见，应当了解自己阶级的战术。譬如此次纱厂的罢工，没有总同盟的罢工的需要，而一般工友们，徒凭一时的勇气，反有这种倾向，便算是不懂得罢工的战术。又如麻袋厂的罢工，暴动太多，且无组织；我们应当知道无组织的暴动是最危险的，毁坏生产机器，更是不必要而且有害的行动。又如日本资本家之应付工人，他们开除了工人不敢自认，在租界内推托于巡捕房，在华界又推诿于警察署，——这算是资本家懂得战术，巧于用策略应付工人，我们工人安可不讲求战术，服从工会的指导，以求胜利早得么？（二）对于资本家走狗及工贼的应付策略，也是要讲求的。现在丝厂有个工贼穆志英；以前上海大骗子组织“男女劳工反共产同盟会”的孙宗昉，现由北京来上海，又要组织什么“工商协会”的分会；在各纱厂里，资本家更直接收买走狗殴打工人；在各手工业里，工贼机关的工团联合假总会，又常常欺骗工人，诈骗银钱。这些工贼都是上海工人之敌，必须将他们扫除以后，上海的工人才能使自己的阶级壁垒更加森严坚固。（三）上海的工人已经有组织者虽占多数，但是组织还不严密，换言之就是还不适合于战斗。上海总工会固然已经是全上海工人惟一信赖的总部；但是各产业总工会（如纱厂总工会、码头总工会、铁厂总工会、印刷总工会……等），各业工会（如邮务工会等）、各厂工会，以及工厂委员会、纠察队、工人自卫团等，还应该更严密的组织起来。上海的工友们应当认识，现在是上海工人运动的一个新时期；在这个新时期里，我们要使工人尽量加入工会，每一个会员，能成为工会的有力拥护者。

在上述的许多罢工运动及其教训之外，我们还应当指出的，就是怠工的运动。最近各业怠工运动的次数，略少于罢工，但都得了胜利的结果。这事是工人群众要求利益，表示力量的有效方法之一种。有些工厂的怠工，是因同情于别厂之罢工而起的。怠工亦是“罢工战术”之一种，此后各业工友应聪明的运用。最近浦东烟草公司的工友们，因为同情于罢工运动，在老厂的工友，用香烟摆成一个“义”字，新厂的工友们听说了，立刻就用香烟摆成一个“气”字。这个表示是好的！“义气”就是我们的阶级觉悟和团结的表示。但工人阶级只有“义气”是不够的，还须懂得阶级斗争的战术呀！

工人的痛苦只有工人自己才知道。工人的利益，只有工人自己的工会和工人自己的政党来拥护。工人的政党就是帝国主义者、军阀、资本家等所反对严拿的“赤化”党——即共产党。惟有共产党员才是工人群众的先锋队，始终拥护工人的利益。帝国主义者、军阀、资本家及其走狗工贼等，始终是工人的敌人。还有一般投机改良派，他们的言论和行动则是十分可笑的。譬如在最近上海之工潮里，大多数的报纸，没有同情于工人的言论；更有一般人，如近来上海《民国日报》的时评和“觉悟”栏的言论，有什么“要晓得商人的将本求利，其立足点在仁义上”，又有什么“只有希望厂主看看四围的形势，自己先来改良”……等等的话，那虽是他们一点什么“戴季陶主义”的观念，但叫在痛苦里的上海无产阶级听来，不免要哈哈大笑了！

为帝国主义与军阀所恐怖的“红色的五月”已经过去。但中国的工人，就因为从“红色的五月”里所得的经历，而走入一个新的时期了。最近罢工的潮流，不仅在上海，即上海附近的无锡，最近有十九家丝厂、二十三家堆栈的大罢工运动。同时，就在这最近时期内，还有汉口英美烟草公司的大罢工；大连丝厂的大罢工，以及天津邮差罢工。这都是中国工人受苦不过的争斗之表示。上海工人是全国工人的运动领导者，上海工人的团结和组织力量可以作全国工人之模范。上海的工友应当莫忘却自己的责任！

1926 年 6 月 19 日

（原载《向导》周报第 159 期，署名：施英）

再论上海的罢工潮

（一九二六年六月三十日）

我们已经详论自“五卅”周年纪念后的二十天内，上海有四十次罢工发生之原因及其意义。我们所指出的这些罢工发生的原因有四个：（一）工人生活的困苦；（二）资本家的反攻；（三）“五卅”周年纪念运动的影响；（四）工人因团结组织而受压迫。同时，我们预先说明：在最近时间内，上海的罢工潮将是继续不断的。果然，在近一星期内，罢工运动越更加猛了。前二十天内不过是四十个罢工，而近一星期内，除未解决者外，还增加了六十个罢工，人数约略计之，当在六万以上。其统计如下：

罢工厂名	罢工次数或厂数	人数约计
内外棉第五、七、八、九、十二、十五厂一共六厂	六	15000
内外棉第四厂	一	800
内外棉第三厂	一	1000
虹口丝厂（十五家）	十五	7500
申新纱厂	一	1400
南北市皮件	一	未详
闸北丝厂（三十五厂）	三十五	32000
合计	六十	57700

此外尚有：金银业工人、日商洋服工人、三星毛巾厂工人等的罢工，都是在这一星期内才解决的。还有一个未爆发的工部局电气厂的工潮，包含有十分严重的意义，虽未罢工，但亦是这一星期中的重大事件。

上海工人罢工运动之所以如此蓬勃，其原因正如前面所述，此外并无其他特别的原故。但是在这样的原因之下，上海工人的罢工，一天比一天的猛烈起来。这种现象不特不是偶然的，简直是必然的。正因为有这样现象，所以造成了目前的“动的上海”——革命的上海。但是造成这样现象的，也不只是工人。近来浦东贫民的暴动、小西门贫妇的请愿、各种的抗税与抗捐，如宅地税问题、房租捐问题、冰鲜税问题、卷烟税问题、亩捐问题、小菜场捐问题、保卫团捐问题，以至帝国主义者的越界收捐问题，已经把这个亡国的上海闹“动”了，变成“动的上海”了。这个“动的上海”，就是“革命的上海”之开始现象。

造成“动的上海”，自然是大多数的上海市民，而不只是工人，因为超过二百万的上海人口，产业工人不过占三四十万。上海的工业无产阶级，固然是市民运动之先锋，在“动的上海”里，是最活动的一员。然而目前上海工人罢工的现象，却不是因自己是最活动的一员，而至于“故意嚣张”“肆行滋扰”；乃是确确实实的因为租界帝国主义者的剥削与压迫，军阀官厅与劣绅的勒索所造成之上海现状，迫得所有的平民都起来反抗；上海的工人亦是要穿衣、吃饭、住房、纳捐、纳税的，不能够不起来为自己的生活奋斗。同时，又因为工人是较有组织的，所以表现的力量较大。又在同时，确确实实的，没有一个甚至半个外国或中国的资本家，肯实行“戴季陶主义”，讲一点“仁爱”，肯自动的给工人加一点工资，减少一些工作时间，改良少许待遇。所以罢工越来越多，越来越猛烈了。

上海的市民都知道么？据本月十八日上海各报登载工部局公报：“五月份税收总数，据代理捐务处长报告，共为八十六万九千零四两三钱七分，而自一月份起之总收入，为二百三十九万九千零二十二两六钱一分，预计本年能收九百九十万零八十五两。”我们看一看租界里的帝国主义者的收入，是何等肥壮！这些税捐是何处来的？不是中国商人与平民的么？中国商人与平民在自己的土地里，向帝国主义者缴了许多税和捐，而工部局华董之额，只肯赏赐三名；在纳税华人会中，还有许多的限制。像这样的问题，本不是工人的问题，更不是直接关系于罢工潮的问题；然而这问题证明“亡国的上海”的实际状况，证明现在要摆脱“亡国的上海”的奴隶状况是必要的。因此，同时就证明了：在租界内的华人要求参政，与在租界内的工人要求增加一点工资以维持生活，是同样有理由的事。其次，我们与帝国主义者算了账，同时也要和中国的军阀和官厅算算账。只可恨大半是秘密的，我们不得全知道：第一、孙传芳已经报效吴佩孚去了多少钱？（这些钱都是江浙人民的血汗啊！）第二、请问一问淞沪总办丁文江、警察厅长严春阳及上海县危知事，到底上海市民的税和捐共缴了多少，其用途是如何？为什么孙传芳应当将江浙人的钱报效于吴佩孚，而丁博士严厅长危知事等只求报效于孙传芳，弄得捐税繁兴，苛政弊民，而市民起来要求免税捐，工人起来要求加工资以求吃一碗饭，反不许可呢？

上海的工人已坚决的答复了这些问题，因此在全上海市民各样反抗的行动之下，上海工人也自己行动起来。这些行动的目的，也不过为要得到一点衣食住的满足。这些行动对于外国的资本家固是无所姑息的；便是对于中国的资本家，所谓“提倡实业者”也不能有所客气。工人增加工资与改良待遇的要求，是一样的。没有说中国资本家应当多剥削一点，而外国资本家只能少剥削一点，世界上没有这个道理。更没有说中国资本家可以多向官厅报效，甚而至于贿赂公行，而对于工人则应拒纳条件，并藉官厅威力压迫，这个道理更是说不通！因此，最近工潮蓬勃的原因，除资本家之反攻与工人自己为组织团结的奋斗之原因而外，最重要最明显的就是如上所述的这些理由。但是中外的资本家偏偏都不肯承认这些理由，尤其是警察厅长严春阳不肯也不敢承认这些理由。上海总工会曾写公函与严春阳，详详细细说明工潮发生的原因，指出三点：（一）米价飞腾，工人生活困苦；（二）资本家滥罚工资，开除工人，引起反抗；（三）保护工人之真正团体。但这些办法哪里是严春阳所能同意的呢？因为孙传芳所给与严春阳的职责，只在保护资本家，并没有什么消弭工潮的责任。所以上海总工会与警察厅公函去后之第二日，严春阳奉帝国主义者与中国“提倡实业者”之命，就以煽动罢工四字的罪名，把上海总工会封闭了。

上海总工会已经在形式上封闭了，但上海的罢工潮并不因此而停止。正当上海总工会被封之日，上海的工人在罢工者中还有数万。帝国主义者，中国提倡实业者，警察厅压迫者，并不能因封闭上海总工会而消弭得了任何的罢工潮。严春阳自己亦颇懂得在形式上封闭了上海总工会，而在实质上，上海总工会仍是存在。但是严春阳虽懂得这一点，却还没有上海几十万工人自己懂得清楚。上海总工会旗帜之下的几十万工人，都十分明白：他们自己的总工会，不仅目前实质上是存在的，而且是永远存在的。上海总工会光荣的历史，坚固的基础，不仅不是严春阳所可动摇，便是任何强暴的帝国主义者与凶恶的军阀亦不能动摇。因为这里已有了几十万的卫士，并且有过百万有组织的全国同阶级的战士，都是保卫和拥护上海总工会的。在任何的时期里，上海的工人都可以为保卫他们的总机关而行动。因此上海总工会被封之后，全上海的工人都起来作热烈的表示，他们直接向严春阳告以总工会不可且不能封闭的种种理由，这些理由各工会各工厂各产业的工人自己说出来，是最切实最明了的表示，严春阳，“提倡实业者”，以及帝国主义者等，听闻以后，至少也应当得了一个好的教训！

我们由此得知，在形式上上海总工会之被封，不仅没有组织上的打击与团结上的损失，亦没有在最近上海工人经济斗争中的重大损失；因为上海总工会在事实上继续存在，实际上仍指导并援助上海工人的政治与经济争斗。关于这种事实，在最近几日的罢工事件里，便可证明。譬如向来无组织的丝厂女工，一星期前因生活所迫而罢工，得了上海总工会之援助，既得胜利，又完成组织；最近一次的丝厂女工三十五厂总罢工，在各种要求的口号之外，特别提出“启封上海总工会”与“拥护上海总工会”的口号。闸北丝厂的女工，以三十五厂三万余人的群众力量，直接表示出打倒资本家和工贼合办的工会（即穆志英工会，专以骗钱为事，每日由资本家扣除工人工资二分，供少数工贼工会人员之享用！）为罢工发动的最要目的。这数万女工在当初是毫无组织的，亦缺少上海总工会之影响。然而她们一开始行动，便站到总工会旗帜之下来。由这样的事实又向敌人证明了一件事，即是：上海总工会不仅有其坚固的基础，而且时时有新的力量。

新的力量所给与上海总工会的便是越更证明其存在。同时，新的运动或新的罢工事件之发生，又证明上海工人阶级政治与经济斗争的多次的经验，可以立于不败的地位，在战斗的联合战线上与上海各界民众合作，制造革命的上海！

1926年6月27日

（原载《向导》周报第160期，署名：施英）

三论上海的罢工潮

（一九二六年七月七日）

上海总工会被封了，但上海的罢工潮并未止息。帝国主义者、中外的资本家、孙传芳、丁文江、严春阳等都很失望的。这一种失望证明他们是太蠢了。他们蠢到什么程度呢？蠢得还及不上现在各工厂里资本家的走狗和爪牙。近来各工厂的走狗和爪牙们也知道说："上海总工会是封闭不了的。封闭上海总工会有什么用处呢？他在事实上还不是存在么？"这样的话，点醒了他们不少。所以近来"丁总办"又有启封上海总工会的消息。但这个消息是不值得重视的，上海总工会惟有上海的工人自己才有资格去启封。即使"丁总办"有启封的意思，也不过是受了封闭后的诸般教训。这些教训之重要者有三：（一）全上海工人拥护上海总工会之存在，每日几次向督办署与警察厅请愿，据理抗争，并下警告；（二）上海的罢工潮继续发展，并未止息；（三）上海米价与物价腾贵问题并未解决，贫民暴动的风潮事实上难以防御。

假使孙传芳、丁文江、严春阳等并不太蠢，而且还更聪明些呢，那便应当要觉悟：第一、为听外人的命令而封闭上海总工会，是一个失策；第二、为要想试一试看封闭了上海总工会以后，上海工人的表现如何，更是一件苦恼。

为什么以上两点需要特别觉悟呢？

三四日前，某工厂代表团至淞沪督办公署请愿。

“为什么要封闭上海总工会呢？”工人代表发问。

“这件事，……”某科长代丁文江接见代表团答复，“……实在不知道究竟是什么原因，还要查一查。”

“但是……”科长继续说，“你们要晓得外国人告了你们啊！”

“什么罪状呢？”工人代表问，“为什么不出布告宣布呢？”

“……罪状不明，”科长答，“法律上还缺少根据，所以布告也还要商量商量。”

“但是……”科长继续说，“我总替你们查一查，再定办法。你们且回去，回去，好好的替外国人做工啊！”

以上在督办署，以下在警察厅。

“你们来为何事？”警察厅科长问女工代表。

“我们来请愿，请愿启封上海总工会。上海总工会是我们全上海工人的总会，个个爱戴，个个拥护。它没有一点罪，就被你们先生们封禁了。我们工人为什么不能有工会呢？商人有商会，学生有学生会，各洋行各公司各店铺先生们都有公会……”

“弗要说那样多罢！”青年勇敢女工代表的话，被这位科长先生打断了，“你们的总工会，近来调停工潮不得力，所以要封闭呀！”

“只有总工会负调停工潮之责么？你们警察厅不是也任调人么？工潮时时发生，你们的调停，还不是不得力？为什么不可以封闭你们警察厅呢？！”

这样的辩论使警察厅科长先生面红耳热，并无答复。但是有点激怒，反过来问工人了：

“你们为什么要总工会？总工会并不给你们饭吃。给你们饭吃的是资本家。你们只要好好做工，便是你们的本分！”

女工代表立刻抗争说：“这话是不对的！总工会好比我们家里一样。你们由谁给饭吃？不是警察厅吗？但若警察厅长封闭了你们家，你愿意么！”

这样无结果的辩论，最近每日在十次以上，各工会各工厂的代表们，只算是走到督办署与警察厅下一番警告回去了。依大概的统计，近一星期来，各工厂代表团到督办署与警察厅者在五千人以上。

码头工人与丝厂女工对于上海总工会之拥护，更表示其忠诚；他们各自买了香，烧着香“跪香请愿”。

像这些事实，我们是以为应当引起丁博士和严厅长之觉悟而得到教训的。这种教训之更严重的意义，是证明全上海工人因总工会之受摧残，而立刻可以一致行动。

但是目前最紧要的问题是：上海的罢工潮并未止息，而且亦不会从此便止息。这里的原因甚多，我们已一再说过。只是到了现在，因为上海总工会的被封，反添了一个新的原因。

六月份已经过去了。我们应将六月一月内的罢工潮，有一个总的论断。

六月中上海罢工统计（注：这是最可靠的统计）

（一）总统计表

同盟与单独之罢工次数	三五
罢工中参加之企业总数	一〇七
参加人数	六九，五五六
罢工时间总计（以钟点计算）	三，三六四，六二二
罢工所提条件	一一七
胜利条件次数	四九

（二）罢工企业与厂数

纱业	一九
丝业	六二
手工业	九
印刷	二
邮电	一
金银业	一
烟业	二
其他	一一
总计	一〇七

（三）罢工时间

不到半天的	二五次
一天以上的	一八次
三天以上的	五六次
一周以上的	八次
总计	一〇七次

（四）罢工条件分析

政治的	一
经济的	五六
待遇的	五八
工会的	二
总计	一一七

（五）罢工胜利条件

政治的	一
经济的	二三
待遇的	二四
工会的	一
总计	四九

（六）罢工失败条件

政治的	无
经济的	三三
待遇的	三四
工会的	一
总计	六八

从上面的统计和分析，我们对于最近一月内上海罢工的运动，有下列几个结论：（一）由罢工的条件，可知原因百分之九十九是属于经济与待遇的；这足以证明罢工并不是上海总工会的煽动，而是资本家自己逼迫。（二）罢工一百零七厂，综合条件内容不过百一十七个，而结果工人得胜利者仅四十九，资本家还保留下了六十八；这六十八个未允工人之条件，便是继续煽动上海工人罢工原因之一，资本家和官厅都应当不要否认。明白了以上两点，便还有第三个结论：（三）上海的罢工运动必然的还要继续下去，以争取工人的经济利益和政治自由；封闭上海总工会是没有用处的，布告严禁是没有用处的，甚至武装压迫也是没用处的。

但是上海工人的罢工运动，除客观的经济与政治压迫条件而外，亦必须有其主观的条件。这个主观的条件便是上海工人的力量——组织的力量。什么是上海工人的力量呢？经过“五卅”的大运动以后，又经过一年来的组织和训练，下列的统计是可以指出的：

厂名或工会名		人数	厂名或工会名		人数
内外棉	三厂	1400	上海	二厂	2000
	四厂	2100	上海	三厂	4000
	东五厂	1829	同兴	二厂	3000
	西五厂	1950	裕丰	二厂	2800
	七厂	1100	申新	五厂	1100
	八厂	800	永安	厂	3000
	九厂	3000	日华	二厂	4325

厂名或工会名	人数	厂名或工会名	人数
十二厂	600	码头工人	50000
十三厂	1300	商务印刷工会	3200
十四厂	1300	彩印工会	2000
十五厂	1500	墨色石印工会	1000
日华　三、四厂	3900	上海印刷工会联合会	300
同兴　厂	2200	华商铅印工会	2000
溥益　一、二厂	2000	中华书局工会	700
大丰　厂	1000	商务职工会	450
统益　厂	3000	工部局电汽工会	1000
鸿裕　厂	2500	虹口电汽工会	1000
鸿章　厂	1000	英界公共汽车工会	500
申新　一厂	3000	华商电车工会	1000
申新　二厂	2000	茶箱工会	145
嘉和　一厂	2000	信封工人联合会	1300
嘉和　二厂	1000	固本肥皂工会	200
公益　厂	2000	洋服业工会	4500
崇德　厂	3450	黄包车修理工会	100
振泰　厂	1991	乌木业工会	500
丰田　一厂	3000	菜业友谊会	3700
丰田　二厂	3500	洋布职员工会	114
绢丝　二厂	2300	海员工会	5000
老怡和　厂	5000	金银业工会	1500
新怡和　厂	3000	邮务工会	1550
东方　厂	2500	丝厂工会	20000
公大　厂	1000	香烟厂工会	11000
恒丰　厂	3500	铁厂工会	2000
厚生　厂	2200	木行工会	1000
上海　一厂	1800	总计	211704

狠毒的统治阶级见着这个统计或者不免惊骇，但是在上海各界民众里只有工人阶级才保有这样的力量。上海工人的力量若不充足，便没有那样大的“五卅”运动，亦没有现在的上海。上海的繁华和兴盛既是劳动者之血汗所造成，在二百万人口中筑成二十余万人的坚垒，是资本主义本身一件很自然的事。

然而现在上海工人所要求的仅仅是：

一、集会结社的自由；

二、最低限度生活费的工资（每日多不过五、六角啊！）；

三、十二小时或十小时的工作时间；

四、洋人、洋奴、资本家、工头的莫杀、莫打、莫骂！

这样最低限度的要求还不能取得；一面帝国主义者，另一面军阀，又另一面资本家及其走狗，一齐向工人压迫；帝国主义者还要杀人；军阀还要制造战争；生活程度高，寒不得衣，饥不得食，“为什么不罢工呢？”

1926 年 7 月 5 日

（原载《向导》周报第 161 期，署名：施英）

四论上海的罢工潮

（一九二六年七月二十一日）

上海最近的罢工运动，自“五卅”周年纪念时开始。六月一月中，据我们的统计，罢工次数一百零七，人数近七万（见本报百六十一期）[1]。帝国主义者的工部局近日也发表了一个统计，据他们说是罢工总数四十次，人数总计也有五万。淞沪商埠总办丁文江和淞沪警察厅长严春阳，大概并没有自己的统计，即以工部局之统计为统计，因为工部局就是他们公共的上司机关，就是他们公共的账房。而且工部局的统计包括“华洋两界”，这又是一件证明，证明租界里的工部局统治租界且统治“华界”。总而言之，上海最近的罢工风潮很大，次数很多，人数很众，

[1] 此处指《三论上海的罢工潮》。

这是不可否认的事实。因为这缘故，外国帝国主义者很焦心发愁，中国的军阀官僚孙传芳、严春阳、丁文江等遂封闭上海总工会以泄愤，这是已经成为事实的。

什么是近来罢工的原因呢？我们已经一再说过了（见本报百五十九、百六十诸期）[1]。我们的意见是：米价高涨仅是原因之一，而不是惟一的原因。罢工的重要原因有三：（一）工人工资太少，近来米价高涨，物价亦贵，工人生活太苦，不能支持；（二）工厂的待遇太不好，中外各厂时有打骂工人，滥罚工人，甚至打死工人之事；（三）工人的政治自由丝毫没有，工人的集会结社和言论，时时受资本家及官厅与捕房的干涉，甚至逮捕监禁。上海的工人是有组织的，有力量的，经过一番长期的政治和社会训练的，所以在以上三种情形之下，不能不起来罢工。关于这一点，我们也曾经说明了（见本报百六十一期）。

但帝国主义者自己如何说明罢工的原因呢？工部局公报说："……考其原因，大概系托词薪工太薄，或同业中人有罢工者，因欲与其表示同情，故一致罢工；又或系冲突所致。"以上这几句话，由帝国主义者自己的报纸说出，虽然上海各中国报纸毫不知耻地毫未加以批判地登载出来，但是已证明了三件事情。第一、所谓"托词薪薄"，不过是他们故意加上"托词"两字，而薪工太薄是罢工的第一原因已经证明。第二、"同业中人有罢工者，因欲与其表示同情，故一致罢工。"——这几句话证明上海工人之"同情"和"一致"，即上海工人之团结力量，能够

[1] 此处指《上海最近的罢工潮》和《再论上海的罢工潮》。

“一致罢工”，这件事也是他们所不敢否认的。第三、“又或冲突所致”一句话，更加证明许多的事实，而最重要证明的是工厂待遇之不良，所以有资本家与工人的冲突，工头与工人的冲突等等。以上都是帝国主义者自己的招供。

中国的官厅又怎样呢？六月末，警察厅长严春阳，曾邀各业各厂主开会，讨论抑平工潮方法。他们怎样讨论法？讨论结果是什么东西？我们无从知道，亦未见他们公布；但至少必有各业主各厂主诸位大腹贾先生，在茶点会宴席上，再三叮咛严春阳以后多派武装警察压迫工人——这一层是必有的。严春阳所能做的，也只有这一件事；别的事，他配做什么呢？他又能懂得什么呢？他不过是孙传芳派来的一条狗，替上海的外国人和中国资本家守卫的一条哈巴狗。所以工人代表去请启封上海总工会时，他的科长清清白白的在光天化日之下，告诉工人代表：“外国人告发了你们啊！”我们想想这是怎样一回事？上海的警察厅，除开勒收苛捐杂税，重剥市民，直接为孙传芳、间接为吴佩孚筹取军饷祸国殃民外，还有什么用处？淞沪的盗匪充斥，不见缉获，人民并未受其保护；而每一次罢工发生，警察厅便首先捕去大批工人的领袖，囚之牢狱，待若盗匪！这位严春阳，不是外国人和中国资本家守卫的哈巴狗，还算是什么？

至于新科学家新官僚丁文江博士，对于工潮也没有什么高见。本月十七日上海各报载：淞沪商埠总办丁文江以连日来署请愿之工人代表络绎不绝，对于工潮思欲得一持平办法，昨日丁氏语人云：“一方面将米价切实限制高涨，以维工人生计，一方面召集厂主会议，改良工人待遇方法；至启封总工会，则已电请孙总司令，俟得复电后，再行斟酌办理云。”这段谈话证明丁文江并没有什么特别高见。限制米价高涨和改良工人待遇两件事，老早就是上海工人自己提出来的办法，只是官厅和资本家都拒绝不理。上海总工会当初很看得起严春阳，曾写信与严春阳，痛论米价之不可不限制，工人待遇之不可不改良；但是信发出在各报披露后之第二日，上海总工会就被封。现在丁文江还不过是这一老调，说一说有什么用处？而且说出来反是激动奸商与资本家之怒，因为限制米价妨害了奸商的操纵专利，改良待遇有损于资本家的利润和尊严。可以启封上海总工会的话，对于帝国主义者和中国资产阶级尤其算是大逆不道！所以上面一段谈话，到第二天就用新闻更正了。十八日《时事新报》载：“……昨日本记者曾晤及丁总办，叩以对于各工会要求启封总工会之态度，并报询其有无电宁请示？”据称：“总工会之成立，未经立案，在法律上尚未认为正式团体。孙督办前既下令发封，一时暂无启封希望。外传余电宁请示一节，全属子虚，不足凭信云云。”这段谈话证明丁文江害怕说启封上海总工会，害怕得罪了外国人和中国资本家。这段谈话证明丁文江总办是上海的外国人和中国资本家的姨太太。什么立案不立案，法律不法律，我们工人和市民实在管不着。上海的工人拥戴上海总工会，如爱护慈母一样；我们的保护者被你们摧残了，还要听你们讲法律！你们的法律不过是保护资本家的法律，有半条保护工人的法律么？你们淞沪商埠督办自设立于龙华以来，曾经替上海市民作些什么事呢？除开抽捐征税，加捐加税外，一无所有。丁文江仆仆于沪宁铁道上，只是往来替孙传芳刮地皮，报告收入情形。上海的市民早已认识透了。

总而言之，严春阳是哈巴狗，丁文江是姨太太！

姨太太和哈巴狗当然不能解决上海的工潮，所以上海的罢工运动，至今犹如风起云涌，继续未已。六月份的罢工运动，我们已经详细论述了。现在七月又将过去。试将七月前半月之罢工事件，与六月份比较起来，我们便可以看得出，工人的罢工运动更猛烈，范围更扩大。这种更猛烈与更扩大的原因，我们亦曾说过：上海总工会之被封因而激怒工人群众乃重要的原因之一。我们现在再就七月初起迄七月十八日为止，统计上海新的罢工事件，列如下表：

厂名（或业名）	地址	罢工厂数（或次数）	罢工人数	罢工原因	罢工结果	日期（七月）
久成丝厂	日晖桥	2	2300	求加工资	胜	二日至四日
精益牛皮厂	顾家湾	2	150	同前	胜	三～六
码头工人	虹口	1	260	同前	允未实行	三～四
皮件工人	南北市	1	2000	同前	未决	六月三十～
英美烟公司	浦东	1	200（童工）	同前	胜	六～七
固本皂厂	徐家汇	1	未详	同前	失败	七～九
茶箱工人	本埠	1	未详	同前	胜	一～七
南洋烟公司	浦东	1	1500	同前	胜	五～八
日华纱厂	浦东	1	300（粗纱间）	开除工人	胜	九～十
造木公司	闸北	1	250	求星期日休息	失败	八～十
瑞伦铁厂	虹口	1	1300	克扣工资	失败	十～十二

续表

厂名（或业名）	地址	罢工厂数（或次数）	罢工人数	罢工原因	罢工结果	日期（七月）
华顺码头	虹口	1	1000	求加工资	失败	九
瑞纶丝厂	虹口	1	600	同前	失败	十～十五
统益纱厂	沪西	1	3000	开除工人	失败	十一～十五
内外棉三、四厂	沪西	2	3200	打工人	未决	自六月二十八起
东兴印务局	北京路	1	500	求减时间 求加工资	未决	十一～
荣华铁厂	曹家渡	1	100	求减时间	失败	十一～十六
益兴印务局	四川路	1	60	延发工资	未决	十二～
顺利印务局	四马路	1	60	求加工资	未决	十二～
祥生铁厂	浦东	1	1000	求履行“五卅”条件	胜	十四～十六
同兴纱厂	引翔港	1	3000	求加工资	失败	十六～十八
同兴纱厂	小沙渡	1	未详	同前	未决	十七～
英美第二厂	浦东	1	未详	同前	胜	十七
燮昌火柴厂	浦东	1	300	同前	胜	十七
大中国印局	本埠	1	未详	同前	胜	十六～十七
装订业	本埠	1	3000	同前	未决	十八～
码头工人	大坂码头	1	1000	同前	未决	十六～
码头工人	黄浦码头	1	1000	同前	未决	十六～
内外棉厂	小沙渡	10	8000	同情怠工		十七
邮务工人	本埠	1	3000	求加米贴	失败	十七
统计		41	37080	（就可统计的算）		

依上表所列，又有四十一个厂与企业，三万七千余人将近四万人的罢工，仅仅在最近十八天之内。其区域是遍于全上海，包括浦西和浦东，全都在孙督办与丁总办的“大上海”范围之内。其企业性质，有重工业，有轻工业，有手工业，有市政工人，有码头苦力。其罢工性质，因生活困难而要求增加工资者占三十分之二十四；因开除同厂工人与打工人者占三十分之三；因要求减少工作时间者占三十分之二；因同情而怠工者占三十分之一；但在要求增加工资的大多数中，仍包含有改良待遇，减少工作时间诸种条件。其罢工结果，工人得胜利者只不过占三分之一，失败者占三分之一，未决而预测多属失败者占三分之一。其罢工时间最长者不过一周，且只一二厂，大多数不过一日，一部分只经过几小时的时间。

像这种现象，到底是“谁使为之？孰令致之？”是上海工人故意的“嚣张”么？还是为生活所压迫，受资本家残酷之待遇，迫而使上海工人不得不如此呢？又何况帝国主义者的巡捕房和中国的官厅，还要火上加油，一味横蛮的做出下列许多许多的事实：

（一）内外棉三四厂工潮，工人被捕者前后多至十四人；工人李小山子、王秀头被判罚拘西牢三年；又另几人判徒刑至七年。

（二）精益牛皮厂的资本家，十年来盈余有七八十万之多，还不肯为工人加一点工资；工人罢工后还叫大队警察来压迫。

（三）总工会派代表陆庆、高雷两人，至精益调停工潮，为警察捕去，至今未释。

（四）南北市皮件工人因罢工而被捕者六人，后来工人怕被捕，不敢入厂。

（五）沪西日晖桥久成丝厂工潮，女工李兆熊、徐佩雄被捕。

（六）闸北丝厂大罢工后，警察厅丝毫没有顾及米价和工人困苦的原因，但贴布告声明“保护”丝厂，“严密防范”非正式（？）工团之行止。

（七）徐家汇五洲固本药皂厂工人董永夫、王锦生、王之荣出任调解工潮，至警察厅即被扣留拘押；又同厂工人张金根、曹法记因有在租界聚众开会嫌疑，被捕房捕去，各罚银五元。

（八）内外棉四厂罢工工人唐某，因讲演被捕。

（九）内外棉三、四厂工人开会，大队巡捕赶来驱散，捕去五人，复开枪，向工人林小三轰击，子弹穿过林之裤裆，击中年十三岁之一童工，足部受伤甚重。

（十）沪西工人因开会，华捕开枪，一弹击中工人沈富仁腿部，受伤倒地，又捕去工人李锦国、戴学奎二人。

（十一）浦东日华纱厂厂主，因禁止工人水浴，在江边竹笆上私装强有力的电流铅丝，既无文字布告，又无口头通知，以致工人郝霍卿触电身死！

（十二）久成丝厂女童工戴小老海，被管车毒打殴毙，但工厂不敢承认，百口抵赖，诬为急痧而死！

有了这许多许多的事实，为了这许多许多的原因，工人为什么不罢工呢？为什么不应当起而谋反抗呢？孙传芳现自称五省联军总司令，假使吴佩孚一旦不高兴，你叫齐燮元来抢你的地盘，叫白宝山对你倒戈，到底你反抗不反抗呢？丁文江博士是科学家，照熊希龄案看起来，也算向帝国主义者碰了一个钉子，假使帝国主义者偏不高兴，你要孙传芳撤换你，你还是当“大傻子”呢？还是也需要稍稍反抗呢？严春阳善于做官，善于保护外国人，保护资本家，逢迎上司；但若有一个军人要夺你的饭碗，你是不是也需要反抗一反抗呢？

总而言之，上海罢工风潮继续不已，上海的工人运动自强不已！

七月十九日晨四时

（原载《向导》周报第 164 期，署名：施英）

五论上海的罢工潮

（一九二六年八月十五日）

"五卅"周年纪念后兴起的上海工人的经济奋斗，足足已两月有余了。七月份的罢工运动比起六月份来，范围更广，人数更多，情形也更复杂。同时在另一方面，也引起了对于罢工所发生的所谓舆论。那些舆论到了现在，又似乎渐渐对于工人的罢工运动，表示厌恶了。到底上海工人的经济要求是否合理呢？在两月来的罢工中，上海工人到底何所得呢？此后上海工人经济奋斗的趋势又是如何呢？在两月长期的工潮中，统治阶级到底起了一些什么作用呢？——这都是我们免不掉要一而再，再而三……来说明的。因为，如不说明，大多数的人便不会懂得；稍微懂得的便要发怪论，以至于本是由经济压迫发生的罢工潮，又被上海社会的"舆论"视为洪水猛兽一般。并且，像警察厅长严春阳先生，若把罢工的因果向他说明以后，假使他肯相信，也就不必费事派什么工厂调查员去调查了！

上海工人之总要求

七月十一日上海总工会第三次代表大会，提出上海工人之总要求十一条，并发布宣言（详见七月二十二日上海各报）。宣言的内容，既已说明上海最近罢工的现象和原因，又缕列上海工人经济生活的实际状况及其预算；最后复指出：（一）打骂工人；（二）开除工人；（三）滥罚工资；（四）侮辱女工；（五）虐待童工；（六）大小便不自由；（七）工厂设备疏忽——乃一般的工人所受痛苦；还有集会、结社、言论之不自由，工会之受摧残，工人领袖之遭开除，逮捕，甚至枪杀，更是使罢工爆发的诸般直接原因。最后，上海总工会代表全上海有组织的工人，提出十一条最低的总要求：

（一）工资至少每月不得低于十五元；

（二）工资当按照物价至少每年必须增加一次；

（三）每日工作时间不得超过十小时；

（四）星期日休息，工资照给；

（五）不准打骂工人滥罚工资；

（六）不准任意开除工人；

（七）规定因工作而死伤之工人的抚恤金；

（八）工人在疾病时厂主须负责医治并须发给半数以上之工资；

（九）改良女工和童工之待遇，女工在生产前后应有一月之休息，工资照发；

（十）工人有集会、结社、言论、出版之自由；

（十一）工厂设备之改良，如增设门窗、天窗、厕所等。

以上这十一条真可谓最低限度的要求了。依我们想来，中外的资本家与中外的官厅（淞沪督办公署、警察厅与工部局）对于上列十一条，半条也不能反对。然而事实上在他们连半条也不肯实行。一直到现在，中外资家及其官厅的意见，都还以为设立工厂使工人做工得活便算恩惠，哪里容许有所要求？凡要求者便是“不驯良的工人”。这是资本家与官僚们死也不改的成见。

但是工人们不能永远在这个成见之下屈服。上海有组织的工人尤其不能屈服。两月来上海工人的罢工运动，便是为这十一条的要求而要求，而行动，此外并不曾有例外的要求。上海总工会所代表的工人意志，是真确的上海工人的意志，这十一条真是“不二价”的最低条件。假使中外的资本家们肯激发戴季陶所提倡的“仁慈”，将这十一条实行，那便上海最近的罢工风潮，至少也可以减去一些了。

工人的生计与资本家的剩余

自上海总工会发表《上海工人的总要求》以后，在数十万的工人群众里起了剧烈的作用，人人愿为此十一条要求而奋斗；一般的贫苦市民与中小商人及自由职业者，对此要求也表示充分的同情。惟有洋奴买办资产阶级的报纸机关，则充耳不闻，甚至拒绝将工人的要求在报上登载。稍为例外的，只有上海的商报。上海商报是较进步的知识分子所组织，代表中小商人与自由职业者的言论，在上海亦被称为接近工人的报纸。该报于总工会发表总要求后，屡次表示同情的言论，并且肯虚心谈论一切实际的问题。姑无论其立足点是不同而结论亦是谬误的，但其讨论的精神我们则赞许而且感谢。该报的柳塘君，在七月末的经济栏里，曾三次论列《上海工人之生活费》，《谁负工人生计调查之责？》与《米贴之先决问题》，其中有许多要点是值得我们答覆的。我们因为每日忙于工作致不能早早对于柳塘君那种论点作答，但是事实的进展比文字的发表还快些，近来有好多问题，已经不需要向柳塘君解释了。

总括柳塘君论文的意见需讨论者是：（一）“厂家能否担任每人一元两角余之米贴，从何方面取偿之，犹是问题。……以米贵为要求增加工资之理由，在工人或以为是，而不知米贴系临时支出，厂商犹有顾虑，若增加工资为永久负担，宜其更形严重也！”（二）“……工人提出增加工资之数目，太偏于理论的而无较有根据以折服资本家之心。……工人所受米价贵之影响究竟如何，不能以确切的数字昭示之也。假使工人团体早有规画，则立可提出相当之证据，……则厂商之应为工人设法无疑矣。”（三）米贴有许多先决的问题，如（1）工人常食何种粳米？（2）所食若干？（3）米贴以何时期米价为基本价格？（4）如米价涨风不久则米贴如何计算？（5）米贴之增减是否随米价上下为转移？（6）假使基本价格率相差甚少时是否亦要求米贴？以上三点是较为重要的，其余还有些问题可以不详讨论，并且还有些小的误解与误会之处，也可以不必深论。

第一，我们须要首先指明的乃是：柳塘君评论的口吻，虽似第三者的态度，而实际他的立足点，完全是资产阶级的立足点，他的经济观念与论据，完全是资产阶级经济学的观念与论据，他的评论词句虽有意界乎劳资之间，而结果竟是完全为资本家说话，为资本主义的现社会作辩护。因此，我们对于他的主要意见，要先声明是不能同意的。其次，米贴问题并不是一切罢工的中心问题。目前上海工人所要求的，乃在最低度能生活的工资，即使米价不涨亦需有此要求，因为现工资太少不足生活之故。米贴只不过要求形式或方法之一种，而并不是罢工的唯一原因。但在柳塘君谈米贴问题时只顾讨论米贴和工人的生计，而忘却了在资本家一方面尚有利润和剩余价值——这种利润在资本家是已得到手的，这种剩余价值在资本家是经常占有的。柳塘君忽视了这个事实而空谈米贴，虽然替工人设想增加米贴，而实际则只为资本家计划如何拿得出米贴来。第三，我们亦应指出的是：在柳塘君屡次的论文中，并不提到工潮发生的其他重要原因，他不能不算是忽略了许多事实；因为在事实上罢工运动之发生起于他种原因（如各种虐待，打骂与开除工人，及禁止集会自由等）者甚多，是不能否认的。

说明了以上三点以后，我们才来具体答覆柳塘君所提出的问题。

（一）厂家应担负工人在物价高涨时的生活，应增加工人工资，其增加额便从厂主自己的利润与平时剥削的剩余价值中取偿；这并不是没有取偿之处，只是要厂主少得点利润或减少极小一部分的剩余价值。米贴虽是临时“支出”，但无容其“顾虑”，因为厂主的经常“收入”既多，且有多种的临时的“收入”（例如米价高时，物价亦涨，各种生产品之价亦涨）。所以增加工资并不是厂主的“永久负担”，更不至于“更形严重”；只是少得利润与减少剩余价值，而工人便可活命，生产可以继续，未来的“永久”的润利与剩余价值可以多得，而能以取偿！（二）工人提出增加工资之数目并不只于是“理论”的，因为世界上没有不根据事实的理论，假使凭空说理有什么用处？上海总工会所提出每月至低工资十五元的要求，正是根据于上海至低生活的要求，列出人生必需的衣食住，计算出油盐柴米乃至燃料及杂类的详细预算，这种预算在柳塘君亦是承认的，且更列精确之表以说明，何以算是“无根据”呢？至于“折资本家之心”一层，柳塘君或有所感，但我们的意见则以为永远怕没有那回事，我们以为工人并不能“折资本家之心”，但以要求的方法“取得”而已！所以如柳塘君说“……则厂商之应为工人设法无疑矣”，亦是希见的事，因为据经验，厂商肯“为工人设法”者实百不一见！（三）米贴的各种先决问题亦是容易解决的。在柳塘君所设的六个问题中，（1）（2）两个问题单就上海总工会所列的生活预算中可看出；工人应食粳米而不食籼米既是柳塘君所承认的，而粳米在工人所采用者，实市价中之最低等；至于食量，则当然只能作平均的计算，故如生活预算中所列，一夫一妻两人的每月米费七元，一夫妻及一子或女三人的每月米费八元，在柳塘君所处的上海实际生活或不以为多罢？关于第（3）问题，米贴之标准，应当是比较的，在工人当然以定工资额时之米价与现时之米价比较，而决定要求米贴的数目。关于第（4）问题，如米涨风不久，其原因必多属于奸商之操纵，有时甚至工人隐忍吃苦，而因时期太短终于没有米贴的要求；如要求时其标准应与上同。关于第（5）问题，米贴之增减，若工人不承认随米价上下为转移，资本家亦必如此规定，当米价复原后，米贴就要取消，在最近有些罢工解决条件中，已有此种事实；因此，在工人方面，假使米价再度高涨，又何必客气不再度要求？关于第（6）问题，即使基本价格率相差甚少，如柳塘君所举百分之三十与百分之二七之例，在此时，并不能说工人无要求的理由，因为百分之三十的基本率终不过是一种假定，并不就成为死板的法律，而真实的基本率，乃是生活的必需额，所以百分之二七乃至百分之二十，亦成为要求的理由而不可否认。

柳塘君或者不以为我这以上的答案是“强词夺理”罢？如果根据事实而意见仍有不同，我们还可以继续讨论；但讨论的立足点不同，则结论各别，我们亦不见怪。不过柳塘君亦颇注意工人的生计而有满腔之同情，期期以工人团体之调查与发表意见相促责；在现在，米贴问题虽未解决，我们却盼望柳塘君换过目光，去注意到下面的另一严重问题。

最近资本家的反攻与歇业恐吓

自七月以来，上海的资本家，尤其是外国厂主，对工人的压迫变更其战略了。他们不特根本拒绝米贴的要求，不理会改良待遇的呼吁，而且向工人作种种的反攻；直至现在，已有将近一万的工人失业，数百人特列被工厂开除。这一反攻政策的主要手段，便是歇业的恐吓；当工人罢工时，厂主即将工厂停闭，给工人以失业的威胁。尤其是纱厂，在现时非纱业上市之重要时期，上海的日本与英国厂主，惯用这一手段，以抵制工人之一切要求，而在自己则无所损失。假使停业的日期稍长，工人的生活自然趋于恐慌，到那时便会向资本家屈服，无条件的恢复工作——这是各厂主所预想的。他们这种抵制手段，在现时乃施行最有利的时间，等到纱业上市生产品价涨时，工人已经帖服了。这是资本家的辣毒而甚自鸣得意的政策，在最近时期内，他们不仅要想借此政策消灭罢工，亦且欲求根本制服工人。讨论上海近时工潮问题的，往往只见工人的罢工运动，而对于资本家这一反攻行为却忽略了。

从最近两周的事实里看来，资本家对未有罢工的工人，亦厉行各种的反攻。第一便是无故开除或责罚工人；第二是故意克扣或缓发工资；第三是收买流氓专向工人故意挑衅，殴打工人的领袖；第四是在酷热的天气下，特别苛待工人。日本内外棉第九厂，杨树浦老怡和纱厂与浦东日华纱厂等现犹相持未决的工潮，便有这许多的事实。尤其是各日本厂主的行为，最近更肆意横暴，工人不堪其苦，各厂工人曾派代表至各团体呼号求救，而各界的人往往熟视无睹。最近万里丸日本水手秘杀小贩陈阿堂事件发生后，各方面都在纸上抗争，惟有各日厂的工人，因身受日本人的蹂躏，才更感觉得反抗日本帝国主义的迫切。所以在最近的将来，全上海日厂的工人，将逼得不能不有最后的行动，而上海的罢工运动，亦将由经济性的变为政治性的了。

但歇业的恐吓到底是否就算资本家的高妙政策呢？以停闭工厂抵抗罢工是否便有效呢？——这毕竟是我们要讨论的问题。

我们对于这以上两问题的答案都是“否”字。在一般的评论家，见此现象，或者以所谓实业的衰歇为念，甚至归罪于工人的罢工，以为资本家乃被迫而致此。这样袒护资本家的论调，实际是受了资本家之骗。近来资本家的歇业恐吓仅是一部分的，而且仅不过是向工人反攻的一个手段，这个手段在此时实行又是无大损失的，更何况即损失亦有利于将来；所以少数的资本家，尤其是在中国得利润已很多的外国资本家，断然采此手段而不惜。这还应受“关心实业者”之实业衰歇的忧虑么？但在同时，在工人一方面亦难承认这是怎样高妙有效的政策。这个政策当然不足消灭罢工的运动。反之，罢工运动只怕从此更要扩大起来。目前的事实便是例证：日、英各厂的罢工，有已超过三星期以上者，厂主虽闭厂而工人仍坚持；两周来罢工之增多，远过于两周前所表现的；日本各厂的工人六七万，现已准备联合一致的行动。更从七月份的罢工统计看来，上海的罢工运动越更继长增高；假使资本家一致运用这一策略，只怕反是促成本月（八月）份更多更大罢工的条件了。

七月份罢工的统计

我们愿意再昭示社会以上海七月份罢工之统计。上海的官厅与报纸，往往只靠工部局的统计，现在该局的统计尚未出来，但我们对于该局之罢工统计是不信赖的，那个帝国主义的机关所分析的罢工原因，诋谤工人的话，尤其荒谬绝伦。近来上海“高等华人”的机关——中国公论报，亦根据本报的统计而作“工潮问题之研究”，其结论亦曾注意到“万不宜彼此狼狈，采用闭歇政策，以引起工人之报复”；他们主张的是“以温和方法，竭全力以从事，俾中国实业日进无疆，此诚扑灭共产主义之善策也！”这却并不是什么高见！果使“实业日进无疆”，则共产主义亦愈发达；但那是另一问题。虽有“温和方法”却不足以满工人之要求，因为现在工人生活的条件，与实际所需实相差太远了。

下列六表表明七月份罢工之情况。这六个表里我们看出重要的现象是：

（一）七月份罢工总人数又超过七万；

（二）七月份罢工企业仍为百余厂，但手工业的罢工，较六月份加多；

（三）罢工的原因，属于广义的经济意义的（即包括工资、时间、待遇诸条件）占百分之八十；

（四）罢工时间较长了，在一月以上者已有三个罢工，在一周以上者有十三个罢工，而三日以上，一日上下的罢工，亦有多数；

（五）一百八十个罢工条件中，工人结果占胜利者仅六十，六十二个工资要求条件中，工人结果仅得三十四。

其详可观下表。从下表应得何种的结论，简直无需乎我们预言了！

（一）总统计表

同盟与单独罢工之次数	五四
参加罢工之企业总数	三业又一〇五厂
参加之人数	七〇·四九四

罢工之时间（以钟点计）	六・六一二・一九七
罢工所提之条件	一八〇
胜利的条件	六〇

（二）罢工企业别与总数

手工业	三业
手工业	三五厂
印　刷	三七厂
纱　厂	一八厂
丝　厂	三厂
码　头	四
烟　厂	三厂
染　织	一厂
邮　务	一
船　业	一厂
铁　厂	二厂
总　计	三业又一〇五厂

（三）罢工原因分析

工资的	一九
待遇的	四
工会的	五
时间的	五
援助的	七
经济与时间的	二
经济与待遇的	九
经济与援助的	二
反对厂方用人	一
总　　计	五四

（四）罢工时间分析

一月以上	三
七天以上	一三
三天以上	九
一天以上	一四
一天以下	一一
一小时怠工	四
总　　计	五四

（五）罢工条件分析

工资的	六二
时间的	一八
待遇的	四五
工会的	四五
反对用人	七
援助的	二
求开厂的	一
总　　计	一八〇

（六）罢工胜利条件

工资的	三四
待遇的	一七
时间的	八
反对用人	一
总　　计	六〇

（原载《向导》周报 167 期，署名：施英）

六论上海的罢工潮[1]

（一九二六年八月二十六日）

经过两月半长期的经济罢工以后，上海的工人又走到民族的政治的战斗场上来了。这一次由经济奋斗走入民族政治奋斗的罢工，本报已曾预言，并且预言正在发展的罢工运动将愈扩大，而形式亦愈严重！但在同时，我们亦指出依据上海劳动生活的实际状况，仍保有两种必然的性质和趋向，这便是：（一）在民族政治性的罢工中，其主要原素亦包含有经济的斗争；（二）工人阶级之政治自由完全没有，工厂的待遇又万般苛虐，工会组织之百折不回的奋斗乃罢工的原素之一。

---

[1] 原标题为《上海日厂工人反日罢工》，《六论上海的罢工潮》为原标题的副标题。

从本月二十日起，上海小沙渡日本内外棉纱厂开始实现总同盟罢工。肇成这次罢工的有两个主要原素：一是最近发生的陈阿堂之被杀案；二是日本资本家最近对于工人之进攻。这一次总同盟罢工开始时，参加者有一万三千四百余人，迄至现在（罢工实现六日以后），继续加入者达两万人以上。再观察各区域日厂的形势，三五日内均不免动摇。并且不限于纱业范围，而将扩大到日本资本家在上海的各种企业。总之，这一次的形势，是对日的总同盟罢工；这一次罢工的性质，是上海工人的民族政治性兼经济性的奋斗。

我们应当重视这一次的罢工。凡是不堪忍受压迫的革命分子，主张中国民族解放者，无产阶级奋斗的战士，都应当了解与重视这一次罢工，并实行起而援助。上海日本工厂与日本各种企业的工人发动罢工，固然因为自身不堪忍受日人的压迫，然而爆发罢工乃民族的政治的原因。顾正红被杀案，是伟烈的“五卅”运动之导火线。最近陈阿堂被杀案，又成为这次运动的导火线。日本帝国主义者对于中国民族，仍继续施行屠杀的策略。“五卅”的伟大运动，因为有“中日亲善”者的斡旋，并没有给日本人以多大的惩戒，又何况日本帝国主义在华扶植的军阀势力，正当炙手可热之时。国民军被迫再退，联军进占南口与张垣，日本帝国主义在华的势力，又一次的如日之方中。姑无论表面在政治上，日人教训奉系军阀不宜激进；然而日本政府与日本的资产阶级，已准备进行完全取得东三省与南满的主权，并趁此时机夺取长江流域的英、美地位。这是我民族政治的目前主要问题之一，这亦是引起上海有组织有训练的工人阶级，不能不击鼓呼战的根本原因。

陈阿堂案发生已月余了。谁是陈案的有力抗争者？上海的新闻记者（举例说，如较进步的商报）以为空言无补于事实，渐渐讨厌宣言式的空谈。但是怎样才不算空谈？除开会发宣言而外，什么是有力的实际的行动？上海的一般“名流”又说，要讲法律。日本人在中国犯罪，杀死中国人，因为有领事裁判权，并不归中国法律办理，法律从何讲起？上海的中国资产阶级，在此时并不肯“提倡实业”，并不肯说对日经济绝交，而抵制日货的口号，仍然只由工人、学生与一般市民高呼。这次首先击鼓作战的，又是工人阶级。我们并不反对，假使中国的资产阶级，在此时肯提出“禁止日人在中国设工厂”的口号。然而这是“过激派的口吻！”中国的资产阶级断不肯说这句话。但是像各日本工厂对中国工人那样虐待与压迫的状况，在工人群众却无所姑息，甚至愿意实行驱逐日本资本家出中国境。日本资本家被逐的至少好处是：顾正红可以不被杀；现在的陈阿堂案，或者也可以不至于发生。不幸顾案以后又有陈案，空言又无补于事实，上海各日本工厂的工人，怎样才足以表示抵制日本的行动呢？米价这般高涨（最近竟达每石十九元六七角！）生活这般困苦，不作工何以生存？然而上海工人阶级，终于举行对日的总罢工了！

本月二十日上午六时，上海纱厂总工会发布第一次罢工命令，原文如下：

> “内外棉东西五、七、八、十二各厂工友们：东洋人横暴无理，在万里丸船上，竟秘密杀我同胞陈阿堂；在日华

厂中，又敢用电网害死我工友郝霍卿；三厂、四厂、九厂的全体工友，又备受日人无理停厂之压迫，饱尝拘捕毒打开除之苦；最近九厂工友石万才，又被毒打，生死不明。日人之种种罪恶，擢发难数！我工人为争国权，为争工人生命安全与利益，决以最后手段对付。联络各界，一致抗争。我东西五、七、八、十二厂全体工友，着先于即日起，实行同盟罢工，听候工会命令！勿怠！勿忽！切切！

此令。

上海纱厂总工会　八月二十日”

此次首先实行罢工者，即命令中所述内外棉东五、西五、七、八、十二共五厂，计一万余人。日本内外棉厂在上海者共十一厂，前述五厂先发动，乃该五厂工会自向纱厂总工会所要求；但在发动后数日内，其余六厂亦经纱厂总工会继续发布，第二次、第三次……命令，先后加入罢工同盟。各厂发动时，多以陈案及各厂情形为准，如十三、十四两厂，于二十五日见报载陈案消息，日本总领事对陈案抵赖，及证人发表之口供，愤慨不已，即时宣布罢工。在罢工后，全上海各日厂（纱厂及纱厂以外各厂各业）工会，复举行代表会议，决议为争陈案及反抗工厂压迫谋自身利益起见，请求上海总工会发布全上海对日总罢工令。会议后，各处即着手组织罢工委员会。迄现在止，虽尚未全体发动，但已由沪西至沪东，由内外棉及于其他各纱厂，由纱业及于其他各业。上海总工会是全上海工人的总组织，且是一个革命的工会，在此时自然竭尽所能，指导群众行动。各厂各业工人，在此次行动中，更表示出有组织有秩序的力量。现在仅仅是这一次运动的开始。或者这一次运动是胜利的，又或是胜利少而失败多的；但胜利与失败的条件并不单独建筑在工人自身上。因为这次罢工是民族政治性的，各阶级民众俱有责任。因为这次运动的导火线是陈案，对陈案应抗争者是各阶级的民众，亦不限于工人。在工人一方面，最初内外棉厂发动时，仅提出五个最简单的条件：

“（一）解决陈阿堂案：引渡凶手交中国法庭办理，抚恤被难家属，保证以后不得再有此等事件之发生，日本领事向中国道歉。

（二）改良工人待遇；不得雇用武装巡捕流氓入厂殴打工人及滥罚工资与蔑视工人人格（如打脚模手印等事）等。

（三）增加工资十分之二。

（四）释放各厂被捕工人，恢复被开除工友工作，以后不得任意开除工人。

（五）赔偿关厂期内工人之损失——三、四、九厂关厂期内工人之损失及此次罢工期内之工资，须一律照发。”

这五个最低度的条件若能完全达到，便算是罢工的最高度胜利了。但这并不是很简易的事。上海各界人民的态度如何——最重要的是行动如何，才是罢工胜利或失败的关键。假使罢工失败呢，工人的损失固然无从取偿，然而民族的损失更是不可挽回的。工人群众在此次运动中，不能负成败之责。工人目前的利益，亦并没有外于民族的利益。怎样才算是不只在纸上空言，怎样才算是有效的行动，在工人群众里的惟一的答复，便是罢工。各界民众若不在纸上发空言，报上发宣言，如何才能作出一些有效的行动呢？对陈案讲法律是惟一的有效行动么？日本法律的某百某十某条，即使能与中国法律某百某十某条相同；上海日本总领事与长崎日本司法官，即使和丁文江、许沅与吴凯声大律师等的法律意见完全相同；然而这里有一个很深的利害冲突的界限：这便是日本帝国主义与中国民族利益根本冲突的问题。这一问题若不解决，一万条法律也是没有用处。因此，所谓注意进行“法律解决”，并没有用处，并不是有效的行动。什么才是各界民众一致有力的有效行动呢？自罢工后，工人群众已经提出——姑无论那是历来的老调，但只要实行，便会是最低度的有效行动，那就是：对日经济绝交；或者缩小一点说：抵制（切实实行的）日货。如果抵制日货实行了，就等于援助了陈案，且援助了工人的罢工。这样，比发宣言固然有效得多，比讲几百几十几条法律更有效得多了。

在上海的日本总领事与在上海的日本资本家，当然是声息相通，态度相同的。他们的声息相通的先着，就在于借军警的势力先来压迫罢工；他们的态度相同，就在于等候中国人民冷淡以后，将陈案含糊了结。所以我们要求中国人的声息也要相通，态度也要相同！上海日本纱厂罢工以后，已将纱市的跌价扼住，日本资本家已渐起恐慌（详情可参看上海各报近日经济消息，兹不具论）；这是工人罢工行动有效的一个小证明。从反面言之，这种现象是有利于中国资产阶级的。但工人这一次罢工的目的，并不为了帮助中国资产阶级，只是直接的表示民族势力之反抗。所以更有效力的行动，乃是各界人民实行经济绝交或抵制日货。上海总商会现在并不在亲日派之手，肯不肯议决一个抵制日货的议案呢？各马路商界总联合会是比较肯反抗帝国主义的，现在能不能继续“五卅”精神，与工人、学生合作，彻底反日呢？在反抗帝国主义的战线里，上海的中小商人（各马路商总联是其代表）本是工人的朋友，然而这一次罢工事件发生后，商联会是中间调停人。当罢工开始时，工人派代表团至商联会报告，缕述日厂待遇工人之苛虐。十余代表，引证举例，指出事实，说明时，声泪俱下；说明后，一律膝跪，哀求援助！这是在中国社会里一幅很好的“全民合作”图。这是“下等社会工人”请求高等人的一幅活图画。然而这是无关重要的；所关乎重要的，乃是上海商人如何援助工人与如何进行陈案。这并不是我们故意假设的问题（请商联会的人不要心怀成见，以为这是“过激派”或“赤党”的言论，其实“过激派”与“赤党”目前所说所行的，无一不是民族的共同利害问题），而亦是帝国主义者所注意的问题，因为帝国主义者正要再试验一次中国民族的势力。在我们，对于陈案，对于日厂罢工，所有的结论是很简单的：凡是不注意陈案，失同情于对日罢工者，必是叛违民族利益的分子。大家看看：章太炎是反赤的“有力者”，每星期有三五次电报发出，但对于陈案曾说过半句话没有？国家主义派是反赤的宣传部，但对于陈案曾按照主张国家主义的诸大理由，有半点主张没有？民族解放的问题，原不在乎“过激”不“过激”，而在乎是谁肯谋民族的解放。上海的民众是已有一次五卅运动之经验的，但这一次的陈案与反日罢工，要再试验一次上海民众的能力。

假使上海民众的能力竟然不能复兴，那便如我前面所说的日本人声息相通的先着，立刻就要实现了。自日厂罢工后，中外官厅已开始向工人群众压迫。罢工工人近来苦于缺少援助，对各处报告时，只有出于哀诉。然而哀诉到警察厅时，警厅人貌若虎狼，撕破工人代表所递呈文，呵叱怒骂，即欲将工人代表拘捕，拒绝请愿不理，斥代表“滚蛋”，骂代表为“动辄敢于反对外人，显系捣乱分子”！各厂工会，时被巡捕、警察、侦探之蹂躏。罢工工人被捕者，每日有数起。侦骑四出，工人的家庭一夕数惊。这样的现象，是民族解放运动中人民所受军阀之待遇！这样的现象，比起英帝国主义铁蹄下的印度人，日帝国主义铁蹄下的朝鲜人，有何分别？罢工工人在潭子口地方开会，警察时来干涉；各马路商联会与对日市民会在宁波会馆因陈案开会，亦受租界捕房之干涉。中国人到底是亡国奴呢？还是“中华民国”的国民呢？

而且还有反动派要兴波助浪！孙传芳在上海的机关报纸——新申报，便是执行这一任务的。当工人初罢工时，新申报即大胆造谣，谓罢工乃“某派”的阴谋，与时局有关；其用意在暗示中外官厅，速施压迫。最主要的造谣措词，在于诬蔑这次罢工，有意破坏“孙联帅”的实际欲夺取江西为自己的纯势力，而名为“援赣”与抵抗北伐的军事行动。这是一件可笑的事，反动派的军阀走狗亦太可耻了！我们愿意正告那一班反动走狗：这样的造谣与诬蔑是毫无用处的！上海三月来为什么有许多罢工，其详情我们已屡次说明。这一次反日罢工的原因和理由，本文亦已详述。这样人人皆知的罢工事件，何必有关于军事？我们愿意更进一步，严重指教这般造谣者，须知工人阶级的地位和责任，只有工人阶级自己才明白。不用说无产阶级罢工有关军事的行动，现在还说不上；就是为目前北伐问题的罢工，亦说不上；因为并没有这一种必要。工人罢工与政权有关的正式时机，乃在工人阶级自己夺取政权时；到那时候，才有工人阶级自己组织武装或暴动之必要。现在工人的行动，虽时时是经济性兼政治性的，但在军阀淫威势力底下，工人阶级亦无直接夺取政权之不合时机的思想。这一类谣言，在效果上不过是使工人更受压迫；但这种政治压迫在工人以为无须避免，只是促成工人的更多政治觉悟罢了！

反日的罢工已经实现，陈案尚拖延未决。果然，孙传芳要“保境安民”，而动员出兵，预备送死一大批江浙的人民了。丁文江在上海急急为孙传芳筹军饷、造子弹；严春阳急急在上海宣布戒严。但是工人并不畏惧这些事，一般民众也不畏惧这些事。因为这正是革命的工作之时机！

八月二十六日晨五时

（原载《向导》周报第169期，署名：施英）

七论上海的罢工潮

（一九二六年九月二十五日）

谢谢资产阶级和官厅的压迫，上海的罢工运动竟继续发生而不休止！从六月起到八月止，上海工人罢工者，前后达二十万。于今九月中，犹有三万上下支持长期罢工的工人——其中已超过五十日者占八千余，超过一月者占一万七千余人。在资本家一方面，对付罢工的策略纵然愈更凶恶（例如英日各厂雇用流氓打手围打工人）；在官厅一方面，压迫工人的方法纵然愈更严厉（例如除搜索逮捕外，还借口军事戒严禁止罢工）；然而在工人一方面，罢工的势力却愈更雄厚，罢工的战略也愈更精良。上海罢工运动在八九两月中之激荡，更甚于六七两月。同时在工人运动的本身，有其一定的趋势，和必然进展的形式。作者曾六次论述上海的工潮，迄八月中旬为止，现在先述八月罢工之总结。

八月份罢工的统计表

工厂名称	产业	罢工之时间（以钟点计）	参加之人数	要求条件					胜利	失败	未决
				政治	经济	待遇	工会	共计			
日华一、二纱厂	纱业	648	4325		1	4		5		5	
老怡和纱厂	纱业	744	4000		3	3		6			6
恒丰永地毯厂	手工业	60	120		4	2		6	3	3	
大北地毯厂	手工业	60	150		4	2		6	3	3	
北方地毯厂	手工业	60	111		4	2		6	3	3	
公义成地毯厂	手工业	60	40		4	2		6	3	3	
义恒丰地毯厂	手工业	60	130		4	2		6	3	3	
永和成地毯厂	手工业	60	15		4	2		6	3	3	
海京地毯厂	手工业	216	240		4	2		6	1	5	
辛昌地毯厂	手工业	60	11		4	2		6	3	3	
德盛永地毯厂	手工业	60	40		4	2		6	3	3	
义仁昌地毯厂	手工业	60	13		4	2		6	3	3	
永大地毯厂	手工业	60	9		4	2		6	3	3	
恒记地毯厂	手工业	60	10		4	2		6	3	3	
华昌祥地毯厂	手工业	60	75		4	2		6	3	3	
同义昌地毯厂	手工业	60	75		4	2		6	3	3	
同义昌地毯厂	手工业	6	15		4	2		6	3	3	
同义昌地毯厂	手工业	60	50		4	2		6	3	3	
陈福祥地毯厂	手工业	60	50		4	2		6	3	3	
张德兴地毯厂	手工业	60	50		4	2		6	3	3	
文记丝厂	丝业	9	280		2	1		3	3		
花旗烟厂	烟业	72	750		3	3		6	1	5	
上海日报馆	印刷	12	5		1	1		2	2		
新怡和纱厂	纱业	10	1500		1	1		2		2	
中华书局装订部	印刷	276	700		4	4	1	9	2	7	

续表

工厂名称	产业	罢工之时间（以钟点计）	参加之人数	要求条件					胜利	失败	未决
				政治	经济	待遇	工会	共计			
义兴印书局	印刷	24	45		4	2		6	6		
美华书局	印刷	168	150		7	3		10	3	7	
中华书局总店	印刷	3	109		4	4	1	9		9	
祥生铁厂	铁厂	60	300		1	1		2	2		
勤华布厂	布厂	36	210		2	1		3	3		
商务印书馆铁机匠	铁厂	24			1	1		2	2		
内外棉九厂	纱业	156	3000		1	1		2		2	
内外棉东五厂	纱业	288	1829	1	2	2		5			5
内外棉西五厂	纱业	288	1950	1	2	2		5			5
内外棉七厂	纱业	288	1700	1	2	2		5			5
内外棉八厂	纱业	288	800	1	2	2		5			5
内外棉十二厂	纱业	288	600	1	2	2		5			5
内外棉十五厂	纱业	288	1500	1	2	2		5			5
内外棉十三厂	纱业	144	1300	1	2	2		5			5
内外棉十四厂	纱业	144	1300	1	2	2		5			5
内外棉三厂	纱业	120	1400	1	2	2		5			5
内外棉四厂	纱业	120	2100	1	2	2		5			5
同兴纱厂	纱业	96	2200	1	2	2		5			5
南北市装订业	手工业	48	2200		3	3		6			6
金银业十四家	手工业	48	1000								
华商电厂	交通	24	450		3			3			3
统计		5896	37007								

附注：（一）罢工之总数计有六十企业，共二十三次（以单独罢工与同盟罢工合算）。

（二）罢工时间以八月一日至三十一日计算。

（三）罢工工人总数，以可靠者列入，其未确实者暂不列入。

（四）要求条件之总数，凡同盟者条件相同，只能合计（例如各日厂同盟罢工的政治条件共为一条）。

八月份罢工的说明

欲说明前列统计的内容，总括的应有下列之结论：（一）产业的罢工已为含有政治性的，其表现为长期性的；（二）手工业的罢工特别加多，这证明在产业罢工已起之后，手工业者因生活压迫，亦表现其组织的新力量，参加经济的斗争生活（地毯工人在本月中之兴起，犹如六月中丝厂工人之兴起）；（三）罢工的条件，属于工资与待遇的，占百分之八十强，与前此两月相同；（四）失败的条件，占最多数，亦与前此两月相同；（五）本月份参加罢工人数，因手工业占企业多数单位，将近四万人，比前两月减半，但其中将近两万人于月底罢工犹未结束；（六）月底华商电车之罢工，证明经济斗争推广到城市交通工人。这是八月罢工情形之概略。

但按照统计内容以说明，那仅是一个结论，仅能知道一般的现象，罢工事件的本身——其经过情形与其教训，却不是从统计可得而知的。在事实上，这些情形惟有工人自己才知道得最清楚；其次，罢工的对方被反抗者（即资本家）仅知道片面；至于官厅则蠢若豕豚而淫威十足，毫不懂得。所以两星期前淞沪警察厅出了一张肉麻不通的禁止罢工布告，其口气大有“格杀勿论”之概，而其内容则处处自己打自己的嘴。这张布告曾被日厂工人的罢工日刊反驳个痛快。例如布告说罢工便没有饭吃，殊不知工人正因饭不够吃才罢工；又如布告公然说五卅惨案中工人罢工乃受人利用之轻举妄动，这样的话与“五卅”时英人的谣言“诚言”是一样论调。其余荒谬言词甚多，而日本纱厂恰好利用此布告翻印数万份，以二百元雇数十人到处散发。这个布告自然也是上海每个报纸所必须登载的；反之，罢工工人的实际情形各报却拒绝登载。因此，我们说工人的苦况与罢工的实情，只有工人自知之而已。从最近罢工的各种经过里，我们可以得出许多悲壮事迹的记录。这些事迹之最显著者，如：（一）各日厂总同盟罢工的屡次集议；（二）日华纱厂罢工一月后佯许复工，向厂主取一元后又继续罢工；（三）总计一月中前后被厂主雇流氓打伤之纠察队、演讲队，童子团达二百余人；（四）因散传单或演讲或秘密集会被警署及捕房拘捕者数十人，或判罚金或充苦力或判囚数月；（五）“九七”辛丑条约纪念日在民国路与孙传芳的军队格斗，在南京路与英捕、印捕冲突；是日罢工工人之讲演，是在租界中为帝国主义唱挽歌，马路两旁充满了悲壮激昂的呼声，使巡捕侦探等张皇失措。

八月中罢工运动之最大者为日厂，作者曾一次详论（见本报一百六十九期）[1]；直到现在，这一罢工犹未结束（参看前表之日期人数与条件）。这一次的罢工爆发于陈阿堂案，然陈案受日人之拖延敷衍，罢工运动至今已转入经济条件的谈判。但日本厂主始终持强硬态度，最初甚至拒绝谈判。在经济谈判中，工资与虐待问题是其焦点；开除工人领袖是工人所最不能忍受的事实；但日厂主一概拒绝谈判。此次罢工，遂致长久相持。

[1] 见本书《六论上海的罢工潮》。

日厂罢工的趋势

迄现在止，日厂之罢工者尚有两万人。工人对罢工条件坚持之心，始终如一。但罢工均在纱业，以现在纱市之疲，纱价不佳，日厂主亦似乎有所恃而无恐。但这并不是真相。真相乃是厂主仍企图复工，但他们所用的复工方法，不是与工人讲条件，而是一方面嗾使警署与捕房压迫工人；另一方面花钱请流氓打手大吃大喝，出重赏使强迫工人上工。他们曾与捕房及警署约通，某日某时鸣汽笛开厂，到时候就一齐动员努力，武装押解工人入厂。日华纱厂工人被迫复工第一日，因未带饭篮，至午厂主购买大饼馒头，委弃满地，工人因饿取食，日人在旁鼓掌大乐！这是日本资本家对付中国工人的方法和态度！

日厂之一的同兴纱厂，因定货者多遂不得不派人与工会磋商条件，这足以证明厂主至不得已时也只好讲条件求工人复工。在上海以中国纱业霸王夸称者是内外棉纱厂，此次罢工中亦惟内外棉厂主顽强到底。他们的口实，一则曰日厂工资已比中国厂高，再则日工资自“五卅”以来已增加若干倍。其实这都是骗人的话！对于前者我们无容追究，因为在中国厂中，工人之要求增加工资也是一样的。惟对于后者则所说有种种黑幕，实不可不严重指出。自“五卅”罢工后至今，工资确有增加，这是事实，在工人亦并不否认。即使把物价昂贵要求再加工资的理由不说，而旧日的工资虽加，但工作的繁重亦加；昔日数人胜任的工作，现在一人兼任；厂主此次裁减工人，其结果是所付工资少而所得工力多。这一笔刻薄账，在日厂主是以为可以蒙混过去的。上海纱厂总工会曾作说明书一一列举，指出事实（其详见后），以证明工资虽加而工作亦加之结果，工人之苦愈甚。罢工的原动力，就是这些痛苦；复工的解决，惟有依条件减除这些痛苦。现在日厂主不喜欢讲条件，只喜欢用走狗——捕探、稽查、流氓、打手。我们只好说这是日本帝国主义在中国因有特别权利而有的特别策略了！

因此日厂的罢工趋势未可乐观。这一罢工的前途仍不出于一般罢工之必然结果：胜利或失败。现在虞洽卿出作调人，有借政治状况取得日人妥协的形式；但这一妥协是不可靠的，其结果仍算是工人的失败。如果是失败呢，我们应当勇敢的承认这一失败，以图再举；因为这一失败的主要原因是客观的环境过于恶劣。如果是胜利呢，亦绝少多量的胜利可言，日本资本家顽强且阴谋，有过去事实可证，我们只有时时提防着。

什么是日厂工人的痛苦？

日本资本家既以工资高于他厂自夸，又矜夸待遇之优良，仿佛在日资下的工人已大幸福，如警察厅长严春阳所谓“得作工就能生活算是万幸，罢了工何处去找饭吃？”我们如若空言日厂待遇不良工人痛苦，亦难有人相信。我们所重的是事实。现在有一批不知什么人的“工业调查委员会”，宜乎有些事实经他们调查而出，但我们只看见报纸上他们的宴会，还没有看见调查。其实真能调查的，并不是他们，而是工人自己。日厂工潮发生后，上海纱厂总工会曾发表详细的报告，历述一切情形；上海报纸惟商报转载，但删改甚多，几失原意。下列各段由该报告中摘出，我们应当仔细寻读其内容：

第一，关于日厂之待遇，原报告说：

日本纱厂待遇之恶劣，设备之不全，自为意中之事，而日人则口口声声以设备完美向社会宣传。其设备稍为完美者，如公大一厂，但洗澡等事，仍须纳资。至于内外棉各厂，则完全无有益于工人之设备。如饭间洗衣之设备，数千工人，仅有盆子数只，厕所中以前尚有窗户，现在亦已填塞；空气不通，臭秽难闻。送饭之处，狭小不能容，遂有不许送饭之举。其他种种不平等待遇，举述于下：

（一）日人殴打工人之事，时有所闻，且不分男女童工，稍有不遂，即以恶毒手段痛打。事实之可供参证者，最近如东五厂日人田路，因磅纱陈某嫌工资过少，要求略为增加，即打其耳光。七厂日人松下，因筒子间王小妹生病欲打钟头请假，即拉住头发大打，并掷之于地。十二厂日人田中，因有一工人要请假回家，即捆绑痛打，抱伤卧病，扶病回家，生命为之断送。此皆事实之可据者。其他零星虐待，笔难尽述。

（二）昔日日人皆直接殴打工人，自顾正红案而后，方法略为变更，即假手于华人，如稽查流氓工头等，事实之可据者，如九厂稽查董友贤，因工人陈真如请假过期两天，即挥拳大打，并用小刀刺伤其面部，打之不算，复停其生意。又如九厂包探及工头张阿二、黄桂勋、冯宝如、朱阿二等，毒打工人石万才，痛殴至死，复用冷水喷醒，送至捕房。又九厂买通流氓四十余人，分布厂门内，殴捕工人，新近在九厂，拘捕东五、八、十二等各厂工人，送入捕房，任意判决。

（三）厂中最为凶恶之手段，即为利用租界势力，雇用巡捕进厂，不仅工厂内横行无忌，即在厂外，复时时伤及无辜，如三、四厂停工时，一华捕在厂门口殴毙小贩刘成民，及在劳勃生路三角场用手枪弹伤一行路童子。此种事实，凡留心社会治安者，其将作何感想乎？

（四）厂中添人时，最近益加苛刻，无论何人，均须拍照验身，女工亦须脱去衣服，受日人男医生之玩弄。女工中之不甘侮辱者，遂不去做工。平时在车间稍有小过，即迫打手印，勒写保单，视我国人如牛马奴隶。

（五）在厂中侮辱工人之事，不一而足。日人无好颜面，开口即骂，动手即打。对于童工，又复拉其耳朵，踢其腰部。对于女工，则调戏胁迫，如十四厂日人小川，往往调戏女工，稍有不遂，即借端寻事。

（六）日人中之不良者，如七厂之登山，不论任何工人，彼往往以筒管掷击之。又乌海氏不知工作，常与女工谑吵。十二厂田中之滥打工人，十四厂山枝之打骂小工。其他各厂，均有不良之日人逞势胡为，而日厂主不知禁阻，以致与工人间之恶感日深，遂为引起工潮之绝大暗潮。

（七）日人稍有不遂，常对于工人滥施暴行，使工人受损失以为快。如摇纱女工，稍不如日人之意，即将其工簿撕毁，无论簿子上有多少工资，不予发给，而工人则无如之何也。

（八）工人在工作时，偶有疾病请假，厂中往往不予准许，竟欲其死在车间中以为快。曾忆在某厂中，有一女工，在临产时欲打钟头出来，而不之许，竟产在车间中也。

（九）日人薪水，每月至少八九十元，每年有例假数星期，每二年可回国一次，而对于我国工人，则往往不许请假，请假逾一月者，即遭开除。疾病时，停一小时即扣一小时工资。故工人不病则已，病则惟有待毙耳。

（十）童工年龄，小者只九十龄，大致以十三四岁为多，须做大人生活，而工资则比大人少去数倍。

（十一）工人向来如做工半年一工不停，有赏金四元，今已完全取消。又在日人方面，均有养老金，而对于华工则无之，且厂中不容老年工人，见工人年龄稍大，即停歇其生意，毫不顾其生计。

（十二）当“五卅”签订复工条件时，有不准带武器进厂之规定，但现在并不实行，有某工头亲见日人藏手枪于抽屉中也。

（十三）在厂中有试验日、当心日等之规定，天天有试验，而每月有当心日。在此日中，在工作之机上，须时清洁。工人又要顾到工作，又要顾到清洁，忙碌不堪言状，而生活则又因此做得甚少。但如生活不如平常之多，即谓工人在平时拆烂污，而加以粗制滥造之罪名。

（十四）厂中罚工钱之规矩颇多，如皮辊稍有油花，花衣稍为堆积，在筒管上稍坐下，即须罚钱，一罚辄在数角以上。

第二，关于工资问题，原报告中说：

工人工资，依厂家统计，平均为五角九分，其实不满此数。盖日厂中工作十余年之老头目，正式工资，亦不出三十元，普通工人，每日工资约三四角，最少每日仅有二角三分而已。兹将内外棉工人之工资数目，约举如下，此数乃为工人实得之数，较为正确，与厂方工资表对照，大有出入。

一、拆包间，最多三角九分，最少三角一分。

二、钢丝车，头等三角八分，二等三角六分，最少三角三分。

三、条子车，每亨司工价一分三厘二五。每日最少做三十亨司，最少二十亨司，平均为二十五亨司，故每日平均工资为三角二分一二五也。

四、粗纱车，头号每亨司五分三厘，平均每日做八个亨司，可得工资四角二分四；二号每亨司六分五厘，每日做七亨司半，可得工资四角八分七厘五；三号七分三厘，每日做四亨司，可得工资二角九分二厘。

五、细纱间，每一木棍一分一厘五，每日最少做二十六木棍，最多四十四木棍，平均为三十二木棍，可得工资三角六分八厘，换纱者每日约做三十木棍至三十六木棍。

六、酌水间，每日工资最多四角，最少者三角三分。

七、摇纱间，每元七十车，每日可摇三十车，少者仅二十五车，平均工资为四角二分八厘。

八、打包间，工作最吃力，以包工计算，除货品不缺，工作不停止，每日可做八九角，但秤纱者每日工资，仅为二角八分。

九、磅纱间，工资最多三角六分，最少二角八九分。此外加油扫地之长日工，每日平均工资为三角二三分，头脑中之资格最老者，不过二十八元至三十元，黑簿子特选工，每月工资有低至十六七元者。至写字间华人，则工资更小，打印子算账者之工资，每月不过七八元。

第三、关于日本资本家自称工资已加的问题，我们试察内容如何，原报告说：

日人在我国初设纱厂时，虽因生活较低，工价比现在为小，而所雇工人人数，则较现在为多，工作不如今日之繁忙；近年以来，工资虽略增，然生活程度亦日高，且各厂屡次裁减工人，增加工作，故实际上工资不但未增，反大为减少。兹将二三年来各厂裁减之人数，列述如下：

（一）拆包间，以前每一部清花车用六人，三部车十人，现在每部车四人，二部车八人；以前有长日工六人，现减为四人。

（二）弹花间，车上人数照旧，但工作较前增加，车外减少揩车一人，扫地一人。

（三）钢丝车，以前有扫地四人，现减为一人，以前有收花衣三人，现在减为一人，在开厂时三人做一部车，现在二人一部，且将揉条子者减去。

（四）条子车，以前有拉条子四人，现已取消，由车上工人兼做，并减少扫地一人，收花衣一人，加油头脑一人。

（五）拣花间，以前拣油花白花者共有一百八十余人，现在只有七八十人至十余人。

（六）粗纱间，头号、二号车以前二人做一部车，现在一人一部；三号车仍旧一人一部，但以前有四个小头脑，一人领六人，相帮换纱，现在一律取消，无人相带。以前前后弄有扫地八人，现在只有三人。以前有收花衣三人，现在减为一人。

（七）细纱间，以前有收花衣四人，现只有一人；加油二人，现减为一人。以前有童工头，现已取消。摇车头以前一人做四部车，现在一人做十三部车，摆筒管以前一人做四部车，现在一人做六部车。以前有揉烂纱四人，现已取消；以前有扫地六人，现减为三人；加油二人，现减为一人。摆粗纱以前一人管六部车，现在一人管十三部车；木棍皮棍罗拉，以前有六个人揩车，现已完全取消，由做车者兼做。

（八）酌水间，以前有工人十八人，现只有十二人；以前有头脑，现已取消。

（九）摇纱间，减去扫地一人，男头脑一人，女头脑二人，抄号头一人。

（十）打包间，减去扫地一人；以前有磅纱三人，现已取消；以前有秤包三人，现减为一人；以前有收纱四人，现完全取消，其工作由酌水者兼做。

（十一）织布间，（甲）布机间，在民国十三年时，甲乙布机间六部分，每部有一上手头脑，二个下手，一上手机匠，二个下手，装布经二人，加油二人，每班有扫地一人，揩车一人，并有一男总管头脑，一扫地头脑。现在六部分头脑，只有一上手，一下手，一上手机匠，一下手装布经加油，每班只有一人，总管头脑及扫地头脑均已取消。以前布机间有扫地八人，现减为四人，织布女工以前一人管三部，现管二部，因之工资大为减少。（乙）筒子间，以前有三个小头脑，一总管头脑，一抄号头，现已取消。（丙）插纱间，以前有搬纱四人，现减为一人。（丁）浆纱间，以前做经常工作者有十四人，扫地一人，揩盘头二人，现做经常工作者减十人，揩盘头者减为一人。（戊）筒子间，以前有三个小头脑，一个总头脑，一个抄号头，现总头脑已取消。

此外挑纱揩盘头者，本有六人，现减为四人。布机间织布女工本有帮纱者三十人，现已一律取消，由织布女工自做，布机间揩车长日工本有二十四人，现减为十七人。

（十二）长日工，以前纱间有四十五人，现只有二十人；细纱间揩车，以前有大、小两班，大揩车十二人，小揩车十人，现无小揩车，生活由接头者兼做；钢丝车以前有三十一人，现在只有二十人；弹花间以前十五人，现只有十人。

依照上述情形，可知近来上海日纱厂工人人数，减少在十分之二以上。人数既减，但对于工作，不但不稍为减轻，且日有增加之势。此虽工人技能进步，而未餍厂主之望，常令工人增加出货。有时工人或因天时关系，如自五月黄梅起至七月炎暑稍退时止，不及平时为多，有时或因调换纱支，如纺六支纱每日可出货百余包，改纺二十支纱，每日只能出七十余包，而诬工人为怠工，开除大批工人，厂主之用心可知矣！

上海工潮的前途

从上面日厂工人生活之引证，我们得知工人痛苦情形的一斑。从日厂罢工之趋势里，我们亦可以得知上海罢工的前途。到了现在，上海工人的组织固是可以运用而发挥其力量的。被孙传芳丁文江封闭的上海总工会，依然始终是上海工人唯一的指导者。在对日罢工及手工业的罢工中，我们处处看出工会策略之得当。但是社会环境的条件仍给予上海工人许多的困难。我们应当了解上海工潮之前途。

字林西报的论者说：上海工人并没有政治的罢工；煽动罢工的并不是共产党人，而是工人生活不好；工头与稽查等制度是常激怒群众的（以上大意如此）。这些话我们并不完全反对，可以承认他说对的也有最小一部分。但是帝国主义的报纸，总是不记得自国帝国主义的罪恶和自国资产阶级的罪恶。但使他们更老实一点，就应该进一步说：上海工人若有政治罢工，必是反对帝国主义和军阀。共产党人虽然也煽动工潮，但厂方煽动工潮之罪，较共产党尤大；工头与稽查的不好制度，在于厂主利用之以压迫工人；——如此，就可以明真相了！总而言之，工人要求改善生活的经济斗争，与反帝国主义反军阀争自由的政治奋斗，是无可遏止的；除金钱收买与武装势力压迫而外，字林西报所代表的洋资本家们，还有什么高明办法能遏止工潮没有？

总而言之，我们自己要指出工潮前途的趋势。依现在情形之变化，上海的工人罢工运动，将有下列三点的表现：（一）政治性的成分渐多；（二）城市交通及各种市政工人与少量重工业工人。将是此后运动的继续者；（三）为生活条件的奋斗仍将继续发展，但是不必有过去数月的浩大形式。这一趋势我们可待事实证明，但这一趋势的必然性却已经存在了。

九月十四日晨七时

（原载《向导》周报第172期，署名：施英）

附录：书信

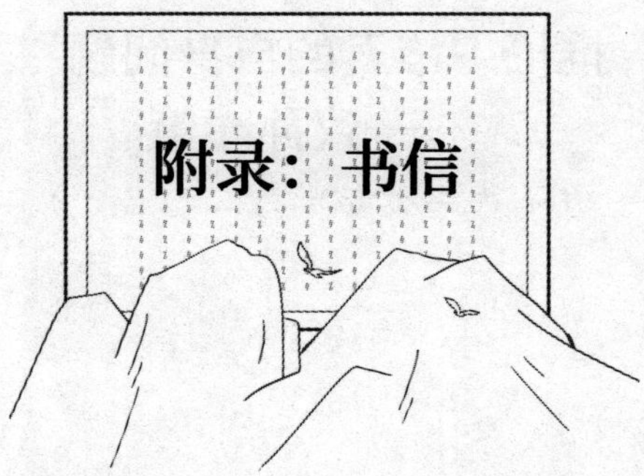

推论“诸君的自身问题”
——致孙光策

（一九一九年十月二十五日）

孙先生：

我读《平民教育》第一号，见有先生的《诸君自身的问题》一篇文章，说得好极了！我非常的佩服。但是还有点意见，想说出来请先生指教：

“诸君自身的问题”，我想替先生一句话打破，在现在说就是“解放”的问题，要说笼统一点，就是做“人”的问题。我的猜想如此，不知道是不是？

我为何这样想呢？因为我以为现在一般青年最要紧的事，就是要求“解放”——对旧社会解放，脱离种种恶习——所以先生说是“诸君自身的问题”，里边又将“女子问题”特别提出来说。我以为现在我们男子还没有解放，不仅是女子要解放。可怜现在只有“女子解放”的主张，大家只管“越俎代庖”替女子说话，不想想男子还没有解放。自己同性的解放没有做到，如何有意思去说别人？现在做文章来教训我们青年的固然很多，但是“男子解放”四个字没有拿出来，大家总觉得这些议论不过是些“圣训”，“嘉言”，“懿行”，“传志箴铭”，把他当作“古文”，读过一遍就得了！这就因为他不知道这是他的“解放问题”，也就是不知道是他的“自身的问题”！胡适之先生举问题的例证曾说：“……从女子解放问题，到男子解放问题……”难道女子就应该先解放，男子就应该后解放吗？胡先生的意思也许是说：不特女子要解放，男子将来也要解放。所以从女子说到男子，或者是女子解放较为容易，或者有主观客观的分别。但是女子解放先从社会着手，后及家庭——因为家庭有骨肉的关系，还不贱视女子，只有社会对于女子毫无平等观念——社会与家庭都有男子的分子，男子还没有解放，女子也不能单独进行。所以先生提出一个“自身的问题”：男子要解决男子的，女子要解决女子的，各人要解决各人的。互相援助也可以，但是不能依靠人，各人不要忘了各人，不要忘了“自身的问题”——我把先生的意思这样推论，先生以为怎样？

国家问题，当然没有问题。若在国家问题中讲“自身的问题”，不幸而遇着一个糊涂虫，把“自身问题”看做“自私问题”，这个人非卖国不可！

先生所批评灵芬女士的话，我却有点不敢赞同。譬如说：“这不是他们承认自己为被锁的俘虏、被囚的罪人吗？”假使灵芬女士果然承认也并不足耻；譬如男子中难道尽都不是“俘虏”、“罪人”吗？中国女子处于被助地位，这个趋势固然不好，但是在这“女子解放”声浪很高的时候，依互助的原则，男子当然要帮忙。并且灵芬女士还说：“……请那些新青年男子，来帮助我们已觉悟的女子，去指导那没有觉悟的女子……”是灵芬女士已有自任的表明，恐怕“俘虏”和“罪人”两个名词，他未必肯承认呢！

赵世炎

1919年10月13日

（原载《平民教育》第3号）

答党家斌（诗二首）

（一九一九年十一月十六日）

我们两的发狂问题！
我不懂得；
在别人说我们是狂，
我们却不可承认，
我们只要作“人”那管那些？

惟一走了，
你可以同我谈，
弘毅的座位空了，
我的座位有我；
你不过暂时找不到惟一谈，

看不见有弘毅的座位。

痛快！痛快！

我在天津河岸送他们，

汽笛一声，

他们走了！

我不得不已！垂头丧气，

又回到这“北京首善之区”！

（原载《少年》第 4 期，署名：赵世炎）

致东荪、白华

（一九二〇年四月八日）

东荪、白华两位先生：

现在有件事情：北京警察厅大施虎威，查禁各种新出版物。前日将一个《工读》半月刊查禁，还要没收印版和印本；印版是铅字的，印本说是没有存余，故没有收去。这是杨以德、李文干的事。《工读》本来没有查禁的价值，并没有查禁的必要。他们这般野蛮东西，大概是先找弱的办，以后慢慢的来。不慢了！上海有好几种杂志，北京已经收不到了！北京寄出的东西，或者外省也难收到；武昌、长沙都寄不进去了。最近《新青年》七卷四号，听说也被扣留！哼！

好笑！我们这些读浅书的穷学生，竟要拿我们来出出风头！《工读》是很和平的东西，不过灵通点“工读”的消息，哪里值得查禁？小题大做，我怕他们真要大干起来了！

《工读》本身的问题很小，但是他们未必肯“收回成命”，何况正要从此大干特干呀！

别的话再谈。祝两位健康！

赵世炎

（原载上海《时事新报》副刊《学灯》，四张 2 版）

给少年学会朋友们的来信

（一九二一年三月一日）

修甫、康农、伯明、骧尘、友松、锡侯、嘉裴、家瑞……诸友：

……唉！我一些亲爱的老朋友们呀！在你们所常想的，以为只要在欧洲就处处可以得安慰吗？固然属于物质上的，我们虽挤在这灿烂而又混沌的空间内，也有些慰藉可言，但我们所经度的搏战生涯，人类同情的、了解的工作还未达到相当程度，我们的精神那能就说畅快，而且含含糊糊地过日子，又不是我们所当做，所忍做的。

我在这半年来差堪自慰的事情便是能够来实验地做劳力的工作，从直觉的感触中，也得些片断的安慰。但知识的恐慌，既迫促了我反动的着急，一般的现状，又刺激了我刚愎的嫉视。

我“穷极则变”，几月以来为回避恐怖的人生，不能不急筹搏乱的方法。事实上别无他法，我只有忙！忙个不了。以前的复杂的幻想，都用锁钥闭起，直到了现在，最近来因为8小时的权利失去，生活上始稍稍有些变迁（近来欧洲工业市场，大形变动，法国尤甚，工人失业者多至百万。我于一星期前也暂时停止没工作）。这也是我所以能够比较的详细一点来和你们写这封信的原因，我在暂时八小时的努力虽然停止，然而精神生活仍继续不断的无所变易，你们乐闻此说么？

大致你们也很想从我得知一些在法做工的消息：在我的责任上，早就应该详告你们一番。不过我个人之见，绝不能得事实上的真理，在11月间我与你们的信中，曾预先和你们商量出《勤工俭学研究号》于《少年》的事。我并且曾与你们的稿子在1921年1月底可寄到，不料这件事我现在很歉意的于时期上对你们失了信！这也是我匆忙中一种热烈的错！现在，这工作我们正在做，不过时期没有那样快了，但也只缓期一月。因为这件事决不仅做文章发表直觉的意见，我们还需有切实的讨论，最近几个星期日，于不远的几个地方做工而很相了解的朋友们，我们聚会了几次，都做严重的辩论，切实的谈话。前个星期日才商决，我们姑无论效果如何，只当做自己于良心上不可隐忍的事，前途上应该不糊涂的事，无论是直觉的，反动的，我们总要披肝沥胆，尽情一吐！现在又因为时间上不可太缓，约定1921年1月以前汇齐大宗的稿子，寄到国内来。寄的事是我担任的，我敢于担任的把握是在你们。现在《少年》是不是仍出我不知道（你们也真做得出，总不寄一份来）。《少年》若还在，就借出一个勤工俭学研究号大概是可能的事。否则，这工作是很希望可以做起的，如若《少年》不能借光，只好另出小册子。但也是要恳托你们的。在一月底或二月初可以由法国付邮，二月底或三月初可以寄到，请你们就照这日子预算罢。

……我常常想，我们过去的事，都有些蹈空，所以积极便会发现弱点。我常听朋友说，国内青年受“五四”的潮流太蹈空，不走实际，是现在的最大恐慌，这话实在中肯。比如《少年》于我没出国以前，曾主张停刊的，现在我们大家既感受到学业与责任的观感，又承一些很难得的师友们的催促与赞助，仍在范围以内做点工作，也不能说绝对不可以，不过，凡做起的一件事，在我们现在至少不可不保持的，就是不能懈怠。……现在的北京，已经是一个时髦青年的制造所，尤以北大和高师为甚，我恐怕结果之坏，将有甚于五花八门之上海，这都是受“五四”思潮太蹈空之毒！我诚恳地盼望我们朋友务要从冷静处窥探人生，于千辛万苦中，杀出一条血路！……

你们的实诚的 赵世炎

附：给陆惟一的信

惟一吾友：

……我现在时间“穷”得很，因此连写信都受了影响。

因为我要给会友写信，要说的话很多，非三四小时不可，但是我现在还有办不到——因为我每天工作八小时，睡觉的时间又在八小时以上，按定例所应当有的读书八小时，现在经一星期实验逐渐增加的结果，只得三小时，因此时间“穷”得很！……

……我现在这个厂是个铁工厂，我所做的工是杂工，就是见什么做什么，大致初来工人除非是技师，都是如此。我们同伴几个人现已有在机器上做工，我不久也可以去做机器。现在还没有一定位置，有一定位置总在好久以后，我们有时锯铁，有时锤铁，有时撤车，情形大致如此……

世炎

（原载《少年》第 15 期）

给周太玄的信

（一九二一年）

太玄兄：

又有两件事告诉你，并且希望你赐复：

1. 此地工界朋友对我们感情太好，然而他们不自由的身体实在令人痛心，我们为想建筑一切事的根基，亦为想感情上建筑信用起见，打算使这里边几个——大约五六人——优秀分子脱离陆军部的合同使他们身体得自由。

脱离合同没有别的，就是要钱。陆军部的六百法郎固然不可免，领事馆的一千法郎太无道理。他们绝不愿出（也并不是没办），他们连向领事馆说好话都不愿。最近领事又加成一千五百法郎，不知为什么，更是岂有此理。有某君已寄一千法郎去，而得回信要再找五个有职业的保人，否则还要五百法郎，真是荒谬绝伦。

隆郅向我提议，要我写信问你看可不可以想法子，就是想求你并再找几个——如郑毓秀、李阐邦、李光汉、齐云卿等——公共作保人，向领事馆具保这五六个人，使他们不花钱以脱合同。因为领馆李骏曾对李光汉说：只要有人保是可以的。李光汉亦曾说：保几个人是可以的，不过多了不行。我们想求你得便问问郑，看她能不能，她若肯为力便好办。李、齐等我们再写信去求。

我们对被保人负责，一方面对于保人也绝对负责。这几个人我们敢断言是绝对无问题的。

这种事实在关系太大，能做比什么还有益。

这事如何请你赐复。

2. 袁子贞来说工会将改组。最后他们在这里又议决等到七月大会再说。袁子贞及此地办工会之孟杰亭、董国铨等对我们都极好。袁、董等屡次要我们对工会提出意见，并要我们组织一个工会来代替（因为我们新认识有许多是他们向来所不能联络的），我们却婉辞谢绝。只声明实实地做小事，尽力不谈谈组织（我们实在苦于还站在勤工俭学界中）。

但有一事隆郅告我，袁子贞曾对他说，捐钱之分配方法，并提及《华工旬刊》，蔡每月捐350，郑捐300，又说前请人编辑月薪400，后无钱又请你编辑。现在他又想请别人，这话是他这样说。袁在工会是不是什么都管，对于《华工旬刊》他亦未必有许多成见。他们写两句信到两篇文章，都带一点“萧子升”味，热心则有之，而且极可佩服，作事与思想各都极幼稚。

旬刊现状如何？你前说你走后交鲁之，在现时言论机关非常重要，看印刷与发行方面如何，宜竭力整顿，使复原状。你既决去门百里柳，可向他们——工会——介绍鲁之。稿子方面，我们现在与华工有密切关系，定能常供给。且近日薛世伦来信极力讨论出版事务——我们曾向他们提议合办一种出版物——他们确很读书定多材料，可要他们也供给些，这是一个联络方法。

以上两事说完，再还有些事也拉杂说：

1. 李卓、李合林、陈延年弟兄（合起来说就是华林无政府派）等大发言，各派都加攻击，尽说刁钻话，说的都似是而非，很足以动人。稿子是一个姓冯的做的，他在此地作工，我们也很好。我们决定这星期日约谈话并质问他。他们中间如李合林曾通信，意见并不像宣言所说。还有一位陈宝孚上星期向我们道歉，说不赞成那宣言及以前的通告。但写信去阻已来不及了。这宣言或者你得见并攻击有《旅欧周刊》。

2. 吴明决定让他来克，临办亦移克，勤会决定支持。支持的标准就是小组织——其实真正的勤工俭学者本来只少数人。假使一千六百人现在来成个会，这个会才不是勤工俭学会。监督会听说成立，陈箓大过其瘾，可谓宿志已偿，但要考试看大家怎么办。真滑稽极。我们从今决不再有所表示了（或老等勤会成立以后），因为妨害太大。

3. 对华工事完全因为所谓的“同学”方面的关系，渐渐生出问题，故从此决不大做，只从小处入手，并从感情方面建筑信用，消费协社亦尚在进行。学校已将开班名为“工余读书会”。

4. 我们现在成为众矢之的实在太苦，但只好仍努力。勤会成后就好办了（至少一百人）。我们也才可以自问，否则精神痛苦受不住。像熊自难已经算是“弱了一个”。

5. 勤会入会的现象太好，来索志愿书者绝是真诚的。我还发现有“华工”来入会，因为通信处是中国人组合，但这只有欢迎，此地许多初来时便已殷殷相问“我们能不能入你们的会”？

6. 周刊仍望竭力支持不变，态度非常要紧。

7. 一月或两月以后我想慕韩兄可到此地来住。不过怕他不愿住长久，但此地熟人极多，他的令侄又在此地，他又很热心华工的事，我极望他能来替我们指导一切，所以要一两月以后因我想我工资必很不错很可共同支持。我这话说来太唐突，但我说来确是真实并无虚伪。慕韩兄之生活也似乎以“热心奔走”的生活为最宜，可以调剂他的脑病。

8. 家里好像硬要给我寄钱来，只这一次我也不拒绝了。前回承你替我转的那封信便是这回事。三哥与二哥，西安与顺庆来往打了好几个电报（因为“二八”事陈打回的电的影响）说要给我汇钱，或者不久会到。信是由你转，如有由北京来的挂号信，求你代签字收入，并无妨打开。因若有钱也须在巴黎取，钱若到也存在巴黎，我除还债外别无用处。二哥任道君署秘书而且咨议抢人的钱我只好不拒。太乱说了，夜亦深，我这几日很苦，遂致爱乱说以自娱！敬祝你好！

弟炎　24

（此信是赵世炎 1921 年在法国克鲁梭作工时所写）

给凌汉等人的信

（一九二一年十一月五日）

凌汉 介繁 志清 诸兄：

人不能不死，但是死的方法不是这样，我便是觉得这样方法不应当，而现在犹且偷生的。照魂实在对不起我，对不起我们大家。我悲伤欲裂！……我没回国对不起百多人，我不死对不起照魂！

照魂的后事，你们那么多人，当然可办清楚，×× 说将葬，我来亦赶不上了。我注意的是请你们搜查他身边有无什么遗言，或者最后时间你们那个见着他的！从他那猛勇而又可怜的齿缝中间曾听得渗透出了些什么话，在埋葬时请你们带着我的意思向着他的木匣告诉一句话：“世炎还在努力，但是也没有多大希望！”

他目击里昂之役，是致死的最大原因。刚回三沙亩便与我来一封信，已经是最后的一封信！信的最末几句说：“……我病了！但是你告诉我你怎么样？你的消息可以安慰我的灵魂”。唉！这是他的预言？或是无意中的谶语？我把这信重读，简直肝肠欲断！最后一句话更不得了，我怎样答复？

“亲爱的照魂呵！我配使你这样对我说话。”

你们又有什么意见？对于我！朋友！

赵世炎

1921年11月2日巴黎

（原载留法中华学生青年会《星期报》）

给隆郅同志的信

（一九二二年四月二十五日）

隆郅：

昨天才收到你回国后的第一封信，读阅之下，颇是欢喜。但只要看你的信，就可以知道你的情景：你还是那乱七八糟的样子，毛茸茸的像一条小“大虫”；你走路一定还常“绊斤斗”！我很是为你担心，你能不能稍稍改良，以慰朋友。

我现在还在北方，状况比以前较好，或者不久便有变动，仍然到南方去。因为我和瘦石感于同志在欧之无基础事业，决计重振旗鼓干起来，这事现在不能详说，事成以后再告诉你们。我只希望你们不必代我忧虑说我没有再蹶再起的精神，但常常为我供给忠告，使我不致起而又蹶。

我留在欧洲虽然苦些，但也有用处，你们当能承认。你们若能承认，便请不必催我回国。固然你们的意思我当感激，但我自己的意思现在回国算是走了曲绕的路，还有我个人在国内的关系也极不相宜，请你们不必再催促。仲甫先生之催促，我明知道是无名和你的主动；你们为我计，我回国自有相当理由，但与我现在的情况不合，亦与我现在的意思不合，所以我不能从命。申府兄来信屡次亦促我回国，他现在仍坚持（他自己于三月内便将回来），我至今几乎穷于答复。你若再到上海会到仲甫先生时，请你替说我的意思；我若不能于一个时期可以有效的读书——专门读书——以后，我决不回国来。我现在毫没有含养性，我看见国内的情况异常烦闷；我虽然相信在中国实行布党的计划是一线的曙光，但我现在实不敢自信我能够作事，所以我暂时决不回来。

申府兄的四周的安排对于他太不适当，所以他觉得非回国不可。他写信给我说："对于欧洲恶感太深，恨不得立刻去之！"就可以知道他的现在。我想他也许真的不久便回国来，在他回国后，关于欧洲方面同志之团结与事业，一定有一翻详的报告；对于国内关系之希望，亦从此逐时讨论起来——请你们暂等着。寿康与伯简去俄事，及我们公荐寿康为第四次代表事，申府兄已有几次信与国内了。我很盼望国内能答应，即时委命，寿康兄的个人，你和无名当都能代向国内说明，自无容我多说，又寿康兄近又提出，如果去成，但他以为一个太孤单（其实披素、子暲、伯简都同去），要添一人帮助，他并提伯简，此事申府兄想亦有信回国来，我意亦无不可，因伯简信仰很坚，诚实又有见地，且善活动，不过不善言语就是，将来他们去时，欧洲青年团当都给以代表名义，拿团体的责任，壮他们的行色。

去俄的重要任务是希望能运送大批同志——勤工同学及工人

入俄，这事能不能成自不可定，但他们能去一趟，或者去了又回来。旅欧同志方面的事业与精神都当有若干的效果，况且现在欧洲情形实在可以乐观，财政大会的结果，资本帝国主义战争的爆发，实在是弓在弦上。这次巴度在忍诺真不要脸，（米勒兰到亚拉伯去了，因此保安加勒不能亲自出马，真不愧一个法国有产阶级资本帝国主义的代表）这两天因为俄德条约，忍诺会议中的大多数资本帝国的代表都惊惶失色，纷纷抗议，看着将要下不了台。

德国最有希望，我们可以说是德国的社会革命的条件，已经完全具备。实际上现在德国的宣传运动等也自由得多，拿法国去比真有天渊之别了。最近寿康与伯简在德与德的CP接洽，他们被介绍去各城市演说（即Front unique运动），他们去了好几处，大受欢迎。黄面孔的无产阶级的代表与西方无产阶级接触，此其开端了。法国实在该死，这样不要脸，还成天成夜的鼓吹仇德，我在北方看着舆论与民气尤其比南方利害，真正叫人肉麻而又痛心。我以前曾和你说笑，拿勤工俭学问题与法国妇女问题相比，现在法国的政治问题也就如我们当初所谈的法国的妇女问题的困难了。

别的话我将在与无名的信中另说，我这次给你的信且只写这一点，也因为实在没功夫。我希望你此后常不断的给我信；更希望你对于你粗暴夸大的性情加以改良，差不多朋友中间只有你我最不放心，你的行动尤望常常告诉我。

你还是要找机会设法读书。

世炎

1922、4、25、在法国北方

给吴明的三封信

（一九二二年四月二十六日、三十日，五月五日）

吴明：

约两星期前有一信给你是否收到？我们通信总要勤些，民国日报地址若不甚妥，请你从速设法另找一个地方较固定且转交很快的，因为我们从此通信等事愈繁又愈重要。

在这封信里只能有下列的话告诉你，但有若干的问你的事件：

1. 欧洲方面决定成立一个青年团（大约一月以内可以完成，因为现在开会地址是很难觅）。

2. 青年团的开始仍取极端严格手续，将来是否作公开的运动，可由成立开会时决定之，决定后再报告国内。现在人数因系严格，大约法国二十人，比国七八人，德国六七人。但现在工学世界社维汉、世伦诸人务要强迫全社加入，在该社以去就力争。我本只请求他们出以个人行动，但他们务要如此，因此人数殊不可予定，一切将来自有报告。

3. 支部暂时决不提及，况现已有代表团（申府等在德发起的，我亦承认），有事以此与人接洽便是；况青年团不久亦告成。我们已认定青年团之内幕即少年共产党，故与国际党人接洽有青年团亦可。

4. 寿康、伯简、子暲、披素四人去俄。我们荐寿康为第四次出席代表。此事务望你在国内亟力建白，速加委命。简、暲、素将来去时都用青年团代表名义。

以下是问你的话，并请记的事：

a. 青年团有否总机关，并除章程外尚有其他规约或印刷品否？如有请即转告速寄来（暂时先寄我）。

b. 凡关于 CP 之重要印件，亦请你随时寄我。

c. 青年团对 CP 之关系如何？常有何义务与责任？应与何机关接洽？国内青年团是以地域建立，抑只总的一个？执行委员会如何组织法？产生法？或还有其他详情，都望一一见告。

d. 在欧组织后，大家都是靠作工生活的，故公共经费必不充足，然将来向国内购书报为第一要事，绝无疑义，而且不能迟延。我以为此事既属有益，你能否先向出版机关（或发行机关或总部）代为要求，即开始将书报等陆续寄来（暂时亦可直寄我）？

这几件事等你从速答复。

我因为昨日接到隆郅的信，将复了他一信，由你转交，因他来信未说地址，我想他亦是常乱跳乱跑的，请你将我信速寄给他去。在他信里有些话已经说过了，故给你这信无容再说。但仍有二事：

1. 侨民教育经费十万元，李石曾求得寄法欲与勤工生设传习所，其实勤工生得不着半文，因被陈箓把持住了，且隐瞒不承认。但现又有问题，即工界之愤怒是也。昨日我见瘦石有一信来与李石曾，未免太激烈；其实此事亦极难忍，望你于见李时或与之信时亦代诉说法国工界之现状——陆军已脱离关系，大多数人已送回，剩下的只少数有希望之自由工人——善为其辞。

2. 李合林事后，安那其朋友奋然而起。但以我观察，有一部分之安那其倾向颇变。其最着者为大陈——延年——趋向极为可爱，近日他们所出的工余杂志，竟高呼暗杀……革命……气魄可钦。惜我与二陈均无接洽，你可否速来一信，与之问讯，且探其动静。因安那其中颇有人。近来最爱刻薄骂人，将来如生冲突，亦麻烦可厌事也。

余再谈。

世炎

1922年4月26日法国北方

我在欧的行动，你在国内于认识我的朋友面前务暂时绝对的秘密，我们来往的信如无用时最好烧去。

吴明：

接到你三月十七的信。

我日前复有隆郅一信并你一信想已收到。

我今天正在忙迫，明天“五一”去巴黎，并拟去蒙达尼、里昂、准也儿等处绕一遍，完全为青年团事。青年团事前信已略告，所谓全欧大组织即青年团，依我所计人数约三四十，然我不知者尚多，尚待各友之总汇名单于我。我现在持意两点：（1）初步极端严格；（2）又务求没有遗漏，因此至今没成立。日前德国诸友联名——寿康、申府、伯简、恩来、清扬、子暲、披素——给我信促于五一告成，但实办不到，法国方面来不及（因工学世界社世伦硕夫等欲等该社开会要求全社加入且以去就力争，我不赞成——我意即在初步严格取人之意，要求他们取个人行动，现在他们亦承认）。我被迫不得已，故决定于明日丢了工作出去跑一趟，大概一月以内准可告成，下一次的信定可告诉你详情。今次因结束在此诸事，百忙之中接到你的信，因先发这封信。

关于青年团的事，尚有下列诸件，亟待你们在国内的帮忙，接济并答复：

1. 速寄关于青年团一切的书报印件等来；

2. 关于 CP 的；

3. 请转告青年团总部指示应有的方略等等；

4. 法国旧时安那其如二陈[1]等近时倾向大变，望你们有私人关系者，速来信接洽（即以青年团为题）；

[1] 二陈：陈延年、陈乔年兄弟二人。

5. 请你转告存统希望他与我通信。

下面的话是答复你来信中还有的事件：

a. 申府现在德，应该常有信来，他给我信最密。我在法国方面事事审慎，故进行很迟，因此常遭他的责备与催促，他不能没有信来的；

b. 我回国实在是不可能，四川问题到底现在详情是怎样？宝琪他们难道毫不能进行？北高川生中同志颇多，请问他们这般将来要回乡当教育家的注意？我对于四川是毫无关系的，请千万不要再想到我！

c. 刘深山处你的书容设法寄，但必很迟。你若决定久顿上海，应当告诉一个妥的住址，说不定有人回国来，我才有地址可介绍。

d. 罗承鼎的钱你应该写信向他说。你的一百方我经济有余可代你还。熊自难艺术家早已经疯了，始拘于比国，现移在里而狱里，我们百法挽救无效！

e. 你要买书只有钱的问题，没有别的；但一半年一次约百方上下之书报我在不失工的时期还可对付，多了则只好请你寄钱，如果你能够。

匆复 并愿

弟 "Le feu"

4 月 30 日下午

这信写的太匆忙只许你一人看。

吴明：

兹转来伯简自柏林信两封，前一封在北方时收到，后一封昨日在巴收到。他既没另给你们信我亦无暇重述，故最好如他所说将他给我的信寄来。

力子处转信是否很妥？你能否速找一个不致遭注意的地址？譬如这样信若遭检查很是问题，请留意！

巴黎都不自由，何况中国？庆云住巴很久，我的信都寄他处，因为信太多，遭警厅盘问；昨日伯简来的这封信，简直不客气，拆开了！另外加封寄了来！自然从李合林事件以后，在巴勤工老爷价值较高也是原因，但此次信所以被拆，因伯简不该盖火漆，太遭注意。此次信已停搁一日才交来，如果检查找人翻译便是问题，我此刻劝庆云搬家。

通信处最是问题，关于此层请从此千万注意，并速设法答复（指国内通信处说，如青年团之总通讯处等）。

江亢虎今日在巴演说大批评苏俄，而自称中国社会党，他回国后很可注意（今晚已由巴动身赴马赛）。

我明日去蒙达尼。这几日很疲；北方半年奇趣之生活，现在走回都市异常不惯。

匆书余再详

大家健康

世炎

5月5日晚巴黎

给黄仲苏的信

（一九二二年四月二十八日）

仲苏兄，请你恕我现在不能给你写长信，纵然我是十分想给你写信，你前回给我信我没收到。这不该当是你心痛，只是我的不幸。

你对我的观察未免太过分些，我现在的我只有我自己知道，自然我不当说没有朋友知道我，我自觉得朋友所知道的我都太过分些。

你们南下我猜的三事既然都说对了，你们又不从详告诉我，只说了一句“非面谈不可”，真弄得我心痛难禁！……如何解决？

半月以内，我准来一趟罢。

附来四张小片，聊以答谢你所写我的，这都是我的时景，上面所题的话请兄不要见笑。

我真想念你……

弟 世炎敬复

4 月 28 日

给罗觉的信

（一九二三年二月十四日）

罗觉同志：

前复信被打回又由柏林寄出，未知收到否？后又有一信亦由柏林寄出。罗同志所开来地址，照样书写而不能寄到未知何故。兹以此次信同样写成三封分三个地址发出，想必总有一封可以收到（若某一封收到，请即示知，以便以后照样直寄）。

兹开来西欧同志愿来俄者十五人之名单，其简略履历如经过学校等项恐无用处故未开出。此十五同志已经此间执行委员会之认可，合于当初所规定之条件与情形。望同志们于接此信后即向东方大学交涉，请求莫斯科政府速电驻伯林苏俄代表，准予此十五人发给入俄护照，发电时恐未必能将名字一一开列，但请指定十五人之数目，我们在柏林便可交涉。

西欧青年团于本月十七、十八、十九三日在巴黎开大会，会闭后十五同志便动身，故月底以前均在柏林，因经济上关系不能久停，故务求交涉速发电为盼。

书记

赵世炎

1923、2、14、巴黎